W0273538

LE TAROT DES

FLAMMES JUMELLES

© 2020, 2021, 2023, éditions Exergue, une marque du groupe Guy Trédaniel

ISBN : 978-2-36188-304-1

Tous droits de reproduction, traduction ou adaptation réservés pour tous pays.

www.editions-tredaniel.com
info@guytredaniel.fr
www.facebook.com/editions.tredaniel

Géraldine Garance
Illustrations de Bénédicte Gonzalez

LE TAROT DES FLAMMES JUMELLES

Quatrième édition

ÉDITIONS
EXERGUE

27 rue des Grands-Augustins
75006 Paris

SOMMAIRE

INTRODUCTION

Ce *Tarot des flammes jumelles* vous propose une guidance, à la fois spirituelle et concrète, par rapport à cette relation peu commune, « extraordinaire », complexe, merveilleuse, mais aussi très difficile que vous vivez. Ces cartes vous apporteront un éclairage sur ce lien si particulier, et vous aideront à savoir où vous en êtes, et ce vers quoi vous tendez, avec votre flamme jumelle.

Le Tarot des flammes jumelles est un ami précieux qui vous permettra de mieux comprendre et de mieux gérer votre cheminement de flammes jumelles.

De façon plus générale, ce tarot est également un outil important pour toutes les personnes qui sont dans une relation de couple, et qui ont besoin de réponses et d'aide par rapport à ce qu'elles vivent. C'est le tarot de l'union, le tarot du relationnel amoureux.

En effet, les flammes jumelles sont de vieilles âmes, deux moitiés d'âmes qui se recherchent depuis la nuit des temps, et qui se complètent parfaitement.

Ce sont des amants éternels qui ouvrent la voie à toutes les autres relations amoureuses. En amour, les relations sont très souvent karmiques ; nous nous retrouvons afin de réparer les erreurs de vies passées, pour libérer notre âme et pouvoir évoluer. Ce *Tarot des flammes jumelles* est donc très indiqué pour toutes les relations amoureuses.

Par ailleurs, nous avons tous une flamme jumelle, déjà rencontrée ou à venir, car ce processus de réunification avec cette moitié qui nous manque amène chaque être à une réalisation de complétude totale, en soi, puis avec l'autre, et à un épanouissement complet de l'Essence divine qui est en chacun de nous.

Écoutez votre cœur, et vous saurez ce qui vibre en vous, vraiment, profondément.

Les vibrations de la Terre changent, les énergies se modifient, nous sommes poussés vers une ouverture des consciences de plus en plus forte, et la reconnexion des flammes jumelles, de plus en plus nombreuses, fait partie du processus d'élévation et d'évolution pour l'humanité.

Les flammes jumelles travaillent, à travers la réalisation de leur propre histoire, à faire avancer l'histoire de l'humanité, chacune à sa mesure.

Géraldine Garance, auteure de ce *Tarot des flammes jumelles*, et Bénédicte Gonzalez, illustratrice, vivent chacune de leur côté une relation de flammes jumelles.

Ces cartes sont donc imprégnées de la haute vibration des flammes jumelles, et cela leur insuffle une énergie d'amour très forte et positive.

De plus, les messages de ces cartes et les directives données pour les différents tableaux sont issus de canalisations inspirées et dictées par des Êtres de Lumière à Géraldine Garance. Cela leur confère définitivement une vibration énergétique lumineuse et importante, afin d'aider toute personne qui en ressent le besoin sur ce cheminement de flammes jumelles et sur ce parcours de vie, et dans toute autre relation amoureuse.

Toutes ces énergies combinées et bienfaitrices vous permettront de faire des tirages très ciblés, complets, concrets, spirituels, et de connaître des réponses au plus juste par rapport à ce que vous vivez.

En dernier lieu, il est utile de préciser que les flammes jumelles sont marquées par le maître-nombre 11, qui est le nombre des flammes jumelles.

Le maître-nombre 11 ne peut être réduit à 2, et donne une énergie de force, d'ancrage, de volonté, de victoire, qui s'obtient après une lutte où l'on ne lâche rien. C'est la ténacité récompensée, ce sont les résultats visibles après avoir travaillé d'arrache-pied à poser des bases solides pour sa vie. C'est aussi la force psychique et spirituelle, une grande force morale, anti-conventionnelle, avec un idéal et des aspirations élevés, à la recherche de vérités essentielles et profondes. Il est très propice au développement spirituel grâce à des clés universelles qui touchent l'humanité tout entière.

Ce *Tarot des flammes jumelles* vous permettra également de mieux vivre l'énergie de ce maître-nombre, d'élargir vos perspectives, d'ouvrir votre conscience à un champ plus vaste, celui de votre évolution d'âme et de sa pleine et entière réalisation.

PRÉSENTATION DU TAROT DES FLAMMES JUMELLES

Ce *Tarot des flammes jumelles*
est composé de 78 lames :
– 22 arcanes majeurs.
– 56 arcanes mineurs,
divisés en quatre catégories de 14 lames.

CES QUATRE CATÉGORIES SONT :

L'Éther, *la Matière*, *le Fluide*, et *la Flamme*, ce qui correspond respectivement aux quatre éléments *Air*, *Terre*, *Eau*, et *Feu*, ou encore, dans un tarot plus traditionnel, aux *Épées*, *Deniers*, *Coupes*, et *Bâtons*.

Chaque catégorie est porteuse d'une énergie particulière qui peut vous aider à comprendre et à interpréter vos différents tirages de cartes.

– La catégorie *Éther* véhicule une énergie liée aux vérités qui se font jour, parfois tranchantes et conflictuelles, mais qui doivent de toute façon s'imposer, et que l'on ne doit pas renier afin d'avancer et d'évoluer. Cette catégorie *Éther* permet d'ouvrir sa conscience, de percevoir derrière le voile, de modifier sa façon de penser et d'affirmer son positionnement par rapport aux autres.

- La catégorie *Matière* véhicule une énergie liée à une réalité concrète, à ce que vous avez à gérer concrètement dans votre vie et à ancrer dans la matière. Elle vous parle également de richesse intérieure, d'abondance, et vous demande de travailler sur vous pour trouver le trésor qui est en vous et vous épanouir dans votre vie.
- La catégorie *Fluide* véhicule une énergie liée aux émotions et aux sentiments, à ce que vous vivez. Elle vous invite à gérer, à assimiler, et à digérer vos émotions, sensations, et sentiments liés aux situations qui se présentent à vous, afin de vous faire grandir.
- La catégorie *Flamme* véhicule une énergie de volonté d'accomplir les choses avec cœur et passion. Elle vous incite à agir, à poser des actes, à avancer avec ténacité, et à laisser de côté ce qui n'a plus lieu d'être.

CINQUIÈME CATÉGORIE :

À ces quatre catégories d'arcanes mineurs, nous pouvons ajouter une cinquième catégorie, représentée par les 22 arcanes majeurs, qui correspond à l'élément *Spirituel*, la Conscience spirituelle et universelle.

Les arcanes majeurs :
Ils parlent de situations importantes et de moments clés dans notre vie. Ils éclairent le chemin en donnant des indications essentielles pour avancer.

Les arcanes mineurs :
Ils donnent des situations à vivre dans le quotidien, des explications supplémentaires par rapport à ce que l'on vit.

LES 22 ARCANES MAJEURS	
0 L'âme sacrée	11 Amour inconditionnel
1 Le masculin sacré	12 Patience
2 Le féminin sacré	13 Transmutation
3 Communication	14 Vases communicants
4 Couple sacré	15 Énergies négatives
5 Bonheur	16 Karma
6 Choix	17 La Source
7 Avancement	18 Kundalini
8 Justice divine	19 Union sacrée
9 Éveil spirituel	20 Mission divine
10 Changement	21 Fusion

LES 56 ARCANES MINEURS	
L'Éther	**La Matière**
As d'éther Attraction	As de matière Détachement
Deux d'éther Décorporation	Deux de matière Aide
Trois d'éther Cinquième dimension	Trois de matière Énergie tierce
Quatre d'éther Choses cachées	Quatre de matière Blessures
Cinq d'éther Nuit noire de l'âme	Cinq de matière Ego spirituel
Six d'éther Défiance	Six de matière Limites
Sept d'éther Connexion des chakras	Sept de matière Passé
Huit d'éther Intuition	Huit de matière Libre arbitre
Neuf d'éther Rêves	Neuf de matière Surveillance
Dix d'éther Liens énergétiques	Dix de matière Synchronicités
Page d'éther Pensées	Page de matière Travail
Chevalier d'éther Gratitude	Chevalier de matière Nouvelles
Reine d'éther Foi	Reine de matière Compréhension
Roi d'éther Protection	Roi de matière Retrouvailles

Le Fluide	La Flamme
As de fluide Instant présent	As de flamme Attente
Deux de fluide Confiance	Deux de flamme Accueillir
Trois de fluide Colère	Trois de flamme Agir
Quatre de fluide Manque	Quatre de flamme Fuite
Cinq de fluide Culpabilité	Cinq de flamme Séparation
Six de fluide Peurs	Six de flamme Décentrage
Sept de fluide Doutes	Sept de flamme Lâcher prise
Huit de fluide Masque	Huit de flamme Voyage
Neuf de fluide Solitude	Neuf de flamme Purification
Dix de fluide Compensation	Dix de flamme Amour passionnel
Page de fluide Pardon	Page de flamme Méditation
Chevalier de fluide Espoirs	Chevalier de flamme Rapprochement
Reine de fluide Joie	Reine de flamme Sexualité sacrée
Roi de fluide Complétude	Roi de flamme Réunion

TAROT TRADITIONNEL :

Ce tarot est construit comme un tarot traditionnel, malgré quelques libertés d'interprétation, et nous retrouvons une classification allant de l'*As* au *Roi*.

Outre leur signification précise relayée dans ce livret, les lames de la Cour – allant du *Page* au *Roi* – peuvent également représenter une situation ou un personnage.

Les *Chevaliers* et les *Rois* peuvent représenter une énergie masculine (homme ou femme masculine), tandis que les *Pages* et les *Reines* peuvent représenter une énergie féminine (femme ou homme féminin).

LAISSEZ-VOUS INSPIRER PAR VOTRE TAROT DES FLAMMES JUMELLES

Vous venez d'acquérir ce *Tarot des flammes jumelles*, et nous vous en félicitons. Il va être pour vous un fidèle compagnon qui peut vous conseiller et vous guider de façon opportune et à bon escient.

Ce jeu vous est personnel, vous allez y mettre votre fluide, votre énergie, et, à ce titre, nous vous conseillons d'éviter de le prêter.

Nous vous invitons à utiliser votre jeu de tarot avec amour, respect et parcimonie, afin d'optimiser son plein potentiel.

Au fur et à mesure de vos utilisations, vous serez conforté par les explications précieuses données dans ce livret pour chaque lame, et ces lames vous parleront également par le biais de leur signification vibratoire et inspirante propre à chaque illustration, ainsi que par leur positionnement dans le jeu de tarot.

Ce *Tarot des flammes jumelles* est simple d'utilisation, à la fois concret et spirituel dans les explications et significations de chaque lame. Il y a un double niveau de lecture facile à appréhender.

Laissez-vous inspirer, élargissez le champ des interprétations, créez vos propres codes, appropriez-vous les lames afin qu'elles vous révèlent tout ce qu'elles ont à vous révéler.

Vous allez ainsi développer grandement votre intuition et faciliter l'interprétation de vos tirages. Faites-vous confiance, et ce tarot fera le reste.

COMMENT UTILISER VOTRE TAROT DES FLAMMES JUMELLES

ÊTRE AU CALME :

Afin de tirer profit au maximum de votre *Tarot des flammes jumelles*, nous vous conseillons de vous mettre dans un endroit calme pour effectuer vos tirages.
Avant de commencer, prenez un temps pour respirer profondément, faire le vide en vous, et vous mettre dans de bonnes dispositions.

DEMANDER AUX ÊTRES DE LUMIÈRE :

Demandez à vos Guides de Lumière, vos anges gardiens, qu'ils vous aident lors des tirages pour vous donner les réponses et les enseignements qui sont nécessaires à votre avancement sur ce cheminement.
Si vous faites le tirage pour une autre personne, demandez aux Êtres de Lumière qu'ils vous aident à interpréter ses cartes.

CARTES QUI TOMBENT :

Lorsque vous battez les lames de votre tarot, si des cartes sautent ou tombent du paquet, nous vous conseillons d'être attentifs à leur signification, car ces cartes sont vraisemblablement mises en avant pour vous délivrer leur message. Vous pouvez également les inclure dans votre tirage.

COUPER LE JEU :

D'une façon générale, si vous le souhaitez, vous pouvez couper votre jeu avant chaque tirage, mais cela n'est pas obligatoire. Cela peut vous donner une indication supplémentaire pour l'interprétation des cartes.

LAMES À L'ENVERS :

Pour effectuer vos tirages, vous pouvez utiliser les lames du tarot à l'endroit et à l'envers, mais ce n'est pas une nécessité absolue. Vous pouvez tout aussi bien utiliser votre jeu uniquement avec les lames à l'endroit. Si une lame est renversée dans votre jeu, selon la carte, elle peut indiquer quelques retards, ou au contraire que le retard prend fin, ou encore que l'énergie de la carte est affaiblie. Une lame à l'envers n'est pas forcément négative.

FORMULER CLAIREMENT :

Lorsque vous posez une question, veillez à ce que celle-ci soit formulée clairement, simplement, et avec précision. Si la question est trop complexe et comporte plusieurs points de réponses, scindez-la en plusieurs questionnements. Vous obtiendrez ainsi des réponses claires, simples et précises.

MÉDITER LES RÉPONSES :

Prenez le temps de méditer sur les réponses qui vous sont données, de les assimiler, elles comportent des clés non négligeables pour votre parcours de flammes jumelles.
Utilisez votre tarot avec parcimonie. N'hésitez pas à laisser reposer votre jeu, et à y revenir plus tard, sans refaire plusieurs fois de suite les mêmes tirages.

LES LAMES LE *MASCULIN SACRÉ* ET LE *FÉMININ SACRÉ* :

Ces deux lames sont des clés d'énergie sacrée qui correspondent à la part yin et yang de chaque polarité du duo. Il peut donc concerner un couple homme/femme, homme/homme ou femme/femme. Il s'agit ici de polarité masculin/féminin, et non d'enveloppe physique corporelle. Nous parlons de deux moitiés d'âmes, dont l'une est porteuse de l'énergie yin, et l'autre de l'énergie yang.

DIFFÉRENTS TIRAGES

Les tirages de cartes proposés ci-après sont très complets et parlants, mais vous pouvez également inventer vos propres tirages de cartes, ceux qui vous conviennent le mieux.

TIRAGE D'UNE CARTE :

Ce tirage répond à un questionnement ouvert sur la journée à vivre, comme, par exemple, « Qu'ai-je à comprendre et à travailler en ce moment pour avancer dans la relation ? » ou, plus spécifiquement, « Que va-t-il se passer aujourd'hui avec mon autre ? »

Battez les autres cartes, puis étalez-les devant vous, faces cachées. Pensez bien à votre question, piochez la carte qui vous attire, et retournez-la.

Laissez-vous imprégner par l'illustration de la carte, son numéro, son titre, ressentez ce que cela évoque en vous, puis reportez-vous à l'interprétation de la carte dans ce livret. Méditez ensuite sur le message délivré.

TIRAGE À TROIS CARTES :

Vous pouvez effectuer ce tirage pour vous, pour votre autre, ou pour votre lien de flammes jumelles.

Battez les cartes, puis étalez-les devant vous, faces cachées. Concentrez-vous, pensez à votre autre, à votre relation de flammes jumelles, et piochez trois cartes qui vous attirent. Placez-les de gauche à droite, toujours faces cachées, comme suit :

Passé	**Présent**	**Futur**
1re carte	2e carte	3e carte
Ce qu'il s'est passé	Ce qu'il se passe actuellement	Ce vers quoi on va

Interprétez chaque lame en vous laissant imprégner par son illustration, par son nom, et par sa position dans le tarot (lame majeure ou mineure et catégorie à laquelle elle appartient). Ressentez ce que tout cela évoque en vous, puis reportez-vous à l'interprétation des cartes dans ce livret.

Afin d'affiner les messages de votre tirage, vous pouvez éventuellement recouvrir jusqu'à quatre fois certaines des lames, ou toutes les lames.

TIRAGE COMPLET POUR UNE QUESTION :

Mélangez les cartes, puis étalez-les devant vous, faces cachées. Pensez bien à votre question, puis piochez quatre lames qui vous attirent et que vous disposerez ainsi, faces cachées :

3e carte
La providence, ce qui est au-dessus

1re carte
Le positif de la question, ce qui aide

2e carte
Le négatif de la question, ce qui contrarie

4e carte
La réponse à la question

Retournez les lames une à une, dans l'ordre de disposition des cartes, pour les interpréter. Laissez-vous imprégner par l'illustration de chaque carte, par son nom, par la catégorie à laquelle elle appartient, ressentez ce que cela évoque en vous, puis reportez-vous à l'interprétation des lames dans ce livret.

Si vous le souhaitez, afin d'affiner les messages de votre tirage, vous pouvez recouvrir jusqu'à trois fois certaines des cartes, ou toutes

TIRAGE DU PRÉNOM :

Ce tirage vous donnera des indications précieuses pour savoir où vous en êtes, et où en est votre autre par rapport à votre situation relationnelle de flammes jumelles.

Concentrez-vous, battez les lames de tarot, puis étalez-les devant vous, faces cachées.

Piochez autant de cartes qu'il y a de lettres dans le prénom pour lequel vous faites le tirage. Étalez les cartes de gauche à droite, toujours faces cachées. Retournez les cartes une à une, au fur et à mesure que vous avancez dans votre interprétation. Laissez-vous imprégner par l'illustration de chaque carte, par son nom, par la catégorie à laquelle elle appartient, ressentez ce que cela évoque en vous, puis reportez-vous à l'interprétation des cartes dans ce livret.

Les cartes peuvent être recouvertes jusqu'à quatre fois maximum, si vous le désirez, afin d'affiner les messages de votre tirage.

TIRAGE SIMPLE POUR LES DEUX FLAMMES JUMELLES :

Il s'agit d'un tirage rapide pour avoir une vision d'ensemble claire et simple de votre relationnel de flammes jumelles, et de ce que chacun vit actuellement.

Battez les lames de tarot, concentrez-vous et étalez-les, faces cachées. Choisissez trois cartes qui vous appellent, et disposez-les faces cachées, de gauche à droite, comme suit :

Pour votre autre	Pour votre lien	Pour vous	
1re carte	2e carte	3e carte	La situation actuelle
4e carte	5e carte	6e carte	Les points positifs
7e carte	8e carte	9e carte	Les points négatifs ou à travailler
10e carte	11e carte	12e carte	L'évolution

Retournez les lames une à une, et interprétez-les en vous imprégnant de l'illustration de chaque carte, de leur numéro, de leur titre, et laissez venir ce que cela vous évoque. Puis reportez-vous à l'interprétation des cartes dans ce livret.

Vous pouvez ensuite recouvrir jusqu'à trois fois les cartes, si vous souhaitez obtenir des précisions pour certaines lames.

TIRAGE COMPLET POUR LES DEUX FLAMMES JUMELLES :

Ce tirage est très complet, et va vous permettre d'obtenir des informations précieuses.

Concentrez-vous sur votre moitié et sur vous-même. Battez les cartes du paquet, puis étalez-les devant vous, faces cachées. Prenez votre temps pour choisir les cartes qui vous inspirent.

Commencez par votre autre, procédez en faisant trois colonnes de quatre cartes chacune, que vous mettrez à votre gauche, faces cachées, comme suit :

1re colonne	2e colonne	3e colonne
Où est-ce que votre autre en est dans sa vie ?	Où est-ce que votre autre en est par rapport à vous ?	Où est-ce que votre autre en est par rapport au lien ?
1 2 3 4	5 6 7 8	9 10 11 12

Puis, procédez de la même manière pour vous-même, en faisant trois colonnes de quatre cartes, que vous mettrez à votre droite :

1re colonne	2e colonne	3e colonne
Où en êtes-vous dans votre vie ?	Où en êtes-vous par rapport à votre autre ?	Où en êtes-vous par rapport au lien ?
13 14 15 16	17 18 19 20	21 22 23 24

Retournez ensuite chaque carte, au fur et à mesure de votre avancement dans la compréhension des messages délivrés. Prenez le temps de bien visualiser les détails de chaque carte, son illustration, son nom, la catégorie à laquelle elle appartient, car cela vous apportera des détails précieux, avant de vous reporter aux explications des lames sur ce livret. Il y a interaction entre les différentes cartes et entre vos deux jeux.

Si vous en éprouvez le besoin, afin d'éclaircir certains points, vous pouvez recouvrir certaines des cartes, jusqu'à deux fois supplémentaires.

TIRAGE POUR LE LIEN DE FLAMMES JUMELLES :

Ce tirage est tout indiqué pour vous permettre de savoir où en est votre lien de flammes jumelles, comment il évolue, et ce qu'il peut se passer dans les temps à venir entre vous.

Pour ce tirage, nous utilisons la combinaison des trois premières lettres de chacun des prénoms, ce qui amène à tirer en premier lieu six cartes.

Si un des prénoms ne comporte que deux lettres, considérez alors la troisième lettre en accolant le nom de famille.

Concentrez-vous bien, mélangez les cartes, puis piochez trois cartes correspondant aux trois premières lettres de votre prénom, puis trois autres cartes à la suite pour les premières lettres du prénom de l'autre personne. Étalez les six cartes devant vous, de gauche à droite, faces cachées, et retournez-les une à une, au fur et à mesure que vous avancez dans l'interprétation de votre lien de flammes jumelles.

L'ensemble de ces six lettres de prénoms réunies va donner une première lecture pour l'interprétation de votre lien de flammes jumelles. La première carte vous indique la situation passée ou présente en cours pour votre lien, et, en suivant, la lecture des autres cartes vous montre l'évolution à venir. La dernière carte du jeu clôture le message des autres lames et donne le conseil sur ce qu'il y a à modifier ou au contraire à poursuivre pour votre lien de flammes jumelles.

Chaque lame est à interpréter, puis à associer avec les cartes qui se trouvent à sa gauche et à sa droite. Vous obtiendrez ainsi des indications complémentaires précieuses pour comprendre le jeu dans son ensemble.

Laissez-vous imprégner par l'illustration de chaque carte, par son nom, par la catégorie à laquelle elle appartient, ressentez ce que cela évoque en vous, puis reportez-vous à l'interprétation des lames dans ce livret.

Les cartes, toutes ou certaines, peuvent être recouvertes jusqu'à deux à trois fois maximum, si vous le désirez, afin d'affiner les messages de votre tirage, et apporter ainsi des précisions supplémentaires pour chaque lame de tarot.

TIRAGE DE L'ÉVOLUTION SPIRITUELLE :

Ce tirage permet de conscientiser les situations en profondeur, de savoir ce qu'il y a à travailler, à dépasser, et de comprendre différentes phases de travail, pour vous, votre autre, ou votre lien. C'est un tirage qui s'effectue pour une énergie sacrée (donc soit pour vous, votre autre, ou votre lien).

Concentrez-vous, prenez votre temps, en demandant ce que vous avez à apprendre, à comprendre, pour vous-même, pour votre autre, ou pour la relation. Piochez trois lames, que vous mettrez de gauche à droite, face cachée, comme suit :

Clé de dépassement de soi	Carte 1
Clé d'alchimie intérieure	Carte 2
Clé d'évolution	Carte 3

Retournez les cartes une à une, et laissez-vous imprégner par l'illustration de chaque carte, son nom, la catégorie à laquelle elle appartient, par son numéro, ressentez ce que cela évoque en vous, puis reportez-vous à l'interprétation des cartes dans ce livret.

La première carte, *Clé de dépassement de soi*, vous permettra d'identifier les problématiques à travailler, à dépasser, à gérer, qui sont en cours, ou à venir, afin d'avancer et de vous sentir mieux (ou pour votre autre, ou pour la relation, selon le tirage).

La deuxième carte, *Clé d'alchimie intérieure,* vous permettra de prendre conscience du potentiel que vous avez en vous (ou votre autre, ou le potentiel de la relation selon le tirage), et sur lequel il convient de s'appuyer pour dépasser la problématique soulevée par la première carte, *Clé de dépassement de soi*.

La troisième carte, *Clé d'évolution,* vous permettra de prendre conscience des éléments extérieurs à vous (ou à votre autre, ou à la relation), qui peuvent aider à la réalisation et vous conforter dans vos acquis (ou pour votre autre, ou pour la relation).

Au besoin, chaque carte peut être recouverte jusqu'à cinq fois, afin d'affiner ce qu'elle révèle.

TIRAGE POUR LE BUT DE L'ÂME :

Ce tirage vous permet de comprendre ce vers quoi vos âmes vous poussent, et ce qu'il y a à travailler en tant qu'âmes (deux demies âmes) incarnées sur Terre et dans la matière.

Battez les cartes, tout en vous concentrant sur vous, sur votre autre, et sur votre lien de flammes jumelles. Étalez ensuite les cartes faces cachées, et choisissez cinq cartes qui vous attirent. Disposez-les comme page suivante.

Retournez les cartes une à une, au fur et à mesure que vous avancez dans l'interprétation de votre tirage. Laissez-vous imprégner par l'illustration de chaque carte, par son nom, et par la catégorie à laquelle elle appartient, ressentez ce que cela fait vibrer profondément en vous, puis reportez-vous à l'interprétation des cartes dans ce livret.

Si vous le souhaitez, vous pouvez recouvrir, deux fois maximum, tout ou une partie des cartes.

1re carte
But spirituel de votre âme

2e carte
But spirituel de votre lien

3e carte
But spirituel de l'âme de votre autre

6e carte
Carte synthèse
Clé symbolique finale de votre âme sacrée réunifiée

4e carte
Situation actuelle du lien et des deux jumeaux dans la matière

5e carte
Ce vers quoi le lien et les deux jumeaux doivent tendre pour leur réalisation d'âme

SIGNIFICATION DES 22 ARCANES MAJEURS

0

L'ÂME SACRÉE

Cette carte représente la seule et unique âme des deux jumeaux, le point 0, le fondement de la structure universelle, la cohésion parfaite du système flamme jumelle, le début et la fin, le commencement, l'initiation, ce à quoi on doit revenir, l'âme complétée, réunifiée, le yin et le yang réunis, le lien flammes jumelles, l'énergie du lien flammes jumelles, l'énergie réunifiée.

1

LE MASCULIN SACRÉ

Cette carte représente le consultant, l'homme, la polarité masculine, l'énergie yang, votre part d'énergie masculine en vous si vous êtes une femme, l'énergie masculine dans le couple de flammes jumelles. Le créateur. Le magicien créateur de toute chose. L'action. La mise en mouvement. L'impulsion donnée. Les projets. Le chemin.

2

LE FÉMININ SACRÉ

Cette carte représente la consultante, la femme, la polarité féminine, l'énergie yin, votre part d'énergie féminine en vous si vous êtes un homme, l'énergie féminine dans le couple de flammes jumelles. Le réceptacle. La gestation. L'apprentissage. La réflexion. L'intuition. L'ancrage. La détermination. L'aboutissement. La maturité. La sagesse. Les connaissances secrètes.

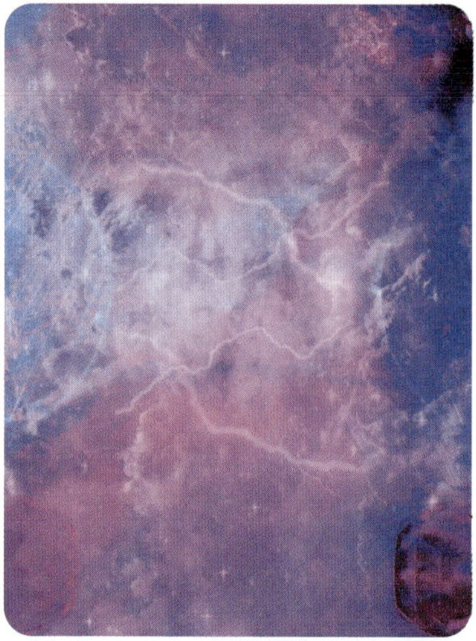

3

COMMUNICATION

La communication entre les deux flammes jumelles s'établit sur tous les plans, aussi bien matériel, qu'immatériel. Outre les sens physiques, qui permettent une bonne cohésion entre les deux individus, la communication intuitive et énergétique est extrêmement importante chez les deux jumeaux. Votre communication doit sans cesse se réinventer, s'adapter, et être créatrice pour les situations que vous vivez.

La communication est un point primordial sur le parcours des flammes jumelles. Bien souvent, les deux jumeaux ont du mal à communiquer, parce que leur mode de fonctionnement est différent. L'un va rationnaliser et analyser les informations reçues, les situations, avec un besoin de compréhension accrue, tandis que l'autre va appréhender les situations par des ressentis et des émotions qu'il ne peut pas toujours expliquer ou exprimer. Leur façon de se positionner dans le monde et de communiquer avec celui-ci est différente, d'où les tensions et les incompréhensions qui peuvent en découler.

Cette carte vous invite à prendre conscience de cette différence fondamentale, afin de relativiser les choses et de travailler sur votre communication avec intelligence et finesse. Elle vous apporte des échanges riches et fructueux avec votre autre. La communication s'améliore entre vous deux, elle est plus fréquente. Vous vous comprenez mieux, sans fausse interprétation, sans confusion, avec discernement et bienveillance. Vous êtes plus à l'écoute l'un de l'autre, avec une belle ouverture de cœur. Le mental et l'ego sont moins présents, ce qui permet une communication plus fluide, vraie et naturelle. Veillez à donner des paroles douces, respectueuses, confiantes et aimantes.

4

COUPLE SACRÉ

Vous êtes un couple sacré depuis la nuit des temps. Il ne faut pas que vous en doutiez. Ce couple s'inscrit dans la pérennité et la légitimité éternelle, en tant qu'époux et épouse divins. À ce titre, le couple sacré forme une structure équilibrée, et, ensemble, vous représentez la stabilité sur tous les plans, avec une autorité légitime, une bonne assise, et une forte volonté pour affronter le monde. Ensemble dans ce couple sacré, vous êtes invincibles, et vous menez vos désirs vers une réalisation, une victoire et une réussite totales et complètes.

Vous avez déjà eu d'autres incarnations où vous avez recherché à incarner ce couple sacré dans la matière. Vous avez déjà acquis de l'expérience et engrangé des enseignements conséquents. Votre couple de flammes jumelles n'est pas un couple ordinaire, mais bien un couple extraordinaire qui, pour pouvoir se réaliser pleinement, doit concilier à la fois la matière et l'énergétique.

Cette carte vous indique que, pour réussir à former un couple stable avec votre autre, vous devez prendre en considération tous les aspects de votre relation. Vous devez être accomplis et en parfaite harmonie et équilibre l'un avec l'autre sur le plan spirituel, émotionnel, intellectuel, matériel, sexuel, et amoureux, et n'oublier aucun de ces aspects. Votre cheminement de flammes jumelles va tendre de plus en plus vers cette relation de couple sacré.

5

BONHEUR

Le bonheur est un grand enseignant qui nous montre, par sa quête, ce qui manque à notre vie. Le bonheur est avant tout celui que l'on se crée. Cette carte vous invite à exploiter votre créativité, votre curiosité artistique, et à prendre plaisir à être pleinement dans votre vie. Vivez, sortez, riez, faites des activités, soyez heureux de voir des amis, d'être avec vos proches, et de vous sentir bien dans votre peau et dans votre vie. Tout cela, c'est déjà le bonheur. Il est également important de vous sentir heureux en étant seul avec vous-même, en vous occupant de vous et de votre bien-être. Votre propre bonheur vous offre toute la liberté d'Être.

Cette carte vient vous rappeler également que votre bonheur ne dépend pas de votre flamme jumelle, du fait d'être ensemble, ou d'être réunis. Votre autre ne doit pas être le baromètre de votre bonheur, celui qui fait la pluie et le beau temps dans votre vie. Vous pouvez être heureux en dehors de votre relation de flamme jumelle.

Le bonheur avec votre flamme jumelle sera alors une réelle évidence, et cette carte est aussi annonciatrice d'un grand bonheur à venir, en lien avec votre flamme jumelle.

6

CHOIX

Cette carte invite à faire des choix, afin de clarifier des situations complexes. Elle vous incite à vous positionner face à certains événements de votre vie, en lien ou non avec votre relation de flammes jumelles, et à vous positionner également face à votre autre. À moins que ce ne soit votre moitié qui ait un choix à faire. Il est possible que ce soit un choix amoureux, si cela se présente dans le cadre d'une relation triangulaire. Vous pourriez avoir envie de prendre vos dispositions par rapport à une situation devenue inacceptable, ou il se pourrait que ce soit à votre autre de ne plus tergiverser et de prendre les décisions qui s'imposent.

Il peut s'agir également de choix amoureux à faire entre vous deux, qui peuvent vous engager dans des choix de vie amenant à de profonds changements. Il n'est plus temps de procrastiner. Les hésitations ne sont plus de mise, car si le choix n'est pas fait en temps et en heure, l'Univers pourrait bien vous mettre l'un et l'autre au pied du mur et face à vos responsabilités. Même si certains choix ne sont pas faciles à faire, il est temps de prendre une décision. Cela peut s'avérer finalement très porteur.

7

AVANCEMENT

Une belle avancée se profile pour votre relation. Les difficultés sont surmontées, et la situation avance, se dénoue petit à petit, même si vous n'en voyez pas encore tous les effets positifs. Veillez à bien garder votre objectif en point de mire, afin de ne pas perdre de vue votre destination finale, et vous éviter ainsi de vous éparpiller en chemin. Gardez foi en votre parcours, car chaque pas vous rapproche un peu plus de la réconciliation avec votre flamme jumelle. Même si le processus vous paraît long ou incertain, il est cependant bien réel, n'en doutez pas. Aucun pas n'est vain, aussi minime soit-il. Il y a un bon timing pour toute chose. N'oubliez pas que l'avancement se produit par rapport à vous en tout premier lieu. Votre voyage intérieur vers votre Essence profonde est primordial pour pouvoir cheminer avec votre moitié. Vous continuez à évoluer l'un et l'autre et ainsi, votre relation de flammes jumelles évolue dans son ensemble. Cette carte est très encourageante, elle vous indique que vous êtes sur la bonne voie, et, elle est gage de réussite, de victoire et de succès.

Enfin, de façon plus pragmatique, cette carte signifie également un déménagement, un déplacement ou un voyage.

8

JUSTICE DIVINE

La Justice divine est à l'œuvre, afin de vous réhabiliter dans vos bons droits, si certaines situations injustes ont pesé sur vous, en lien avec votre relation de flammes jumelles. La justice divine est impartiale et agit de façon parfaitement équitable. Elle éclaire les situations, de telle sorte que tout ce qui était resté dans l'ombre jusqu'à présent soit mis en lumière, au vu et au su de tout le monde. Elle épure tous les événements qui ont besoin d'être assainis par le glaive de la Vérité afin de rétablir celles qui doivent être révélées. Justice divine est rendue. La *Loi de cause à effet* immuable s'applique, et l'on récolte ce que l'on a semé. La Justice divine tranche en faveur du juste, et aide à prendre conscience de ce qui *est*, et à ne pas s'illusionner. Demandez avec amour et bienveillance que la Justice divine s'exerce par rapport à la situation que vous vivez, puis lâchez prise, faites confiance à l'Univers, et remerciez. Tout particulièrement dans les relations de flammes jumelles, la Source veille à ce que tout soit toujours juste, pour l'avancement de chacun.

Cette carte vous incite également à trouver une harmonie, un équilibre, une diplomatie et une justesse en vous, puis avec le monde qui vous entoure.

9

ÉVEIL SPIRITUEL

La reconnexion entre flammes jumelles provoque un éveil spirituel pour chacune, qui va s'intensifier au fil de leur parcours. Cet éveil se vit différemment. L'une des deux flammes s'éveille avant l'autre et conscientise le lien plus rapidement. Cet éveil spirituel se vit en parallèle pour chacun des jumeaux, et amène à une découverte de soi et à une grande intériorité de leur être. C'est un processus lent mais tangible, au fur et à mesure que les jumeaux acquièrent sagesse et enseignements de la vie grâce aux expériences qu'ils traversent. Une plus grande sensibilité médiumnique ou énergétique émerge également. Les flammes éveillées prennent leur place dans le monde, y sont plus sensibles, et y apportent leur contribution. Elles comprennent ce qu'est *le* chemin.

De façon plus pragmatique, cette carte vous dit également que votre autre s'éveille grandement au lien, à votre relation si particulière, et commence à conscientiser ce chemin hors norme. Aidez-le dans cette ouverture, en lui envoyant beaucoup d'amour pour éclairer sa lanterne. Continuez de votre côté à travailler à votre éveil spirituel par de la méditation, une retraite dans le silence, ou des études ésotériques notamment. Sur ce chemin de flammes jumelles, les efforts sont récompensés à force de persévérance.

10

CHANGEMENT

Un changement se profile à l'horizon, et ce changement, qu'il soit minime ou de grande envergure, est de très bon augure. Il peut enclencher en cascade d'autres événements heureux par la suite. Le destin vous est favorable, et les choses bougent, changent et évoluent rapidement. Une compréhension accrue se met en place grâce à ce changement, et des déblocages se font ressentir. La roue du karma tourne en votre faveur, et vous commencez un nouveau cycle important après avoir refermé un chapitre ancien. Il y a eu une grande vague de nettoyage et de purification de votre passé, et cela vous permet à présent d'aller de l'avant avec enthousiasme. Un vent de nouveauté souffle. Accompagnez ces changements avec confiance et sérénité, sans freiner le processus entamé, car ce changement est positif et heureux. Différents domaines de votre vie peuvent être concernés, le plan matériel, spirituel, émotionnel ou psychique.

Il est possible également qu'une opportunité ou une chance s'offre à vous qu'il faudra saisir au vol, afin d'aller vers votre pleine réalisation.

11

AMOUR INCONDITIONNEL

Une des missions des flammes jumelles est d'incarner l'amour inconditionnel sur le plan terrestre. Vos âmes s'aiment déjà d'un amour incommensurable dans la cinquième dimension, et vous êtes invité à présent à le vivre également dans la matière. Prenez conscience que cet amour inconditionnel est votre plus grande force. Il s'agit ici d'une force d'amour spirituelle immense qui vous permet de dépasser tous les obstacles sereinement, et de proclamer votre puissance tranquille et souveraine. Cet amour inconditionnel vous portent et vous nourrit, il vous donne le courage de rester dans vos convictions profondes par rapport à votre flamme jumelle, et renforce votre énergie vitale. Vous pouvez y puiser toutes vos ressources. Cet amour montre le chemin, qui part de l'amour inconditionnel que se portent les deux flammes jumelles, pour aller vers l'amour inconditionnel et universel envers toute l'humanité, afin de nourrir et de renforcer tous les êtres vivants. Vos personnalités terrestres respectives vont de plus en plus vers cet amour inconditionnel. Vous pouvez d'ailleurs déjà l'un et l'autre en ressentir les prémices, voire l'éprouver de plus en plus. Avec cet amour, vous êtes invincible.

12

PATIENCE

Cette carte vous invite à la patience et au mûrissement des choses, à l'évolution positive par l'introspection. La patience n'est pas le sacrifice. La relation des flammes jumelles prend du temps à se construire. Il y a plusieurs étapes, toutes indispensables les unes et les autres. Vous ne pouvez pas brûler ces étapes. Aussi, prenez le temps de bien assimiler toutes les situations qui vous sont présentées. La patience sereine n'est pas l'attente fébrile. Si vous vous sentez dans l'impatience, l'impuissance, coincé, et pris au piège dans l'immobilité du temps, gardez à l'esprit que cela n'est qu'apparence, et adoptez un autre point de vue, afin de comprendre la situation différemment. Il est bien connu que tout arrive à point à qui sait attendre. Les situations se débloqueront donc le moment venu, et en fonction de votre avancement sur ce chemin. Car tout est transitoire, et le temps joue en votre faveur. Soyez également patient envers votre autre, laissez-lui du temps, il en a besoin pour avancer vers vous. Cela est indispensable pour que tout s'accomplisse correctement et que vous soyez prêts tous les deux à vivre cette relation si forte et si particulière.

13

TRANSMUTATION

Une transmutation de vos corps physique et énergétique s'opère, car l'épuration de vos blessures est bien entamée, même s'il reste encore des choses à dépasser. Sur un plan concret, certaines relations ou certaines situations de votre vie également se transforment ou se terminent, amenant une libération. Vous pourriez avoir une vague sensation désagréable de perte de repères. Laissez ce processus de transmutation se mettre en place. En effet, une phase de transformation profonde s'annonce, qui peut s'avérer difficile à gérer dans l'instant, bien qu'elle soit bénéfique à long terme. Vous mourez à l'ancien pour renaître au nouveau, comme le phénix qui renaît de ses cendres. Cette phase de métamorphose et de reconstruction est plus que nécessaire. C'est une carte d'évolution qui vous demande de travailler sur vous, afin de laisser derrière vous vos anciennes façons de penser et de faire, et de vous alléger. Alignez-vous énergétiquement sur des vibrations plus hautes pour permettre une circulation des énergies plus fluide et plus puissante entre votre flamme jumelle et vous-même. Renforcez votre lumière intérieure pour que votre rayonnement irradie tout autour de vous, et permettez ainsi de transmuter le négatif en positif, l'ombre en lumière. N'oubliez pas que l'une des missions des flammes jumelles est de transmuter les énergies négatives en lumière christique.

14

VASES COMMUNICANTS

Cette carte vous invite à avancer dans votre relation de flammes jumelles avec modération et sérénité et vous parle de communication harmonieuse et équilibrée. Vous êtes dans la confiance de ce lien merveilleux que vous vivez. Ce que vous mettez en place afin d'avancer positivement permet à votre moitié d'évoluer sur son propre chemin, et vice versa. Il est important de comprendre que vous êtes des miroirs parfaits l'un de l'autre, des vases communicants, et vous vous faites progresser mutuellement. Aussi, envoyez de l'amour et des énergies positives à votre flamme jumelle, afin que cela se répercute positivement sur elle, et qu'elle puisse également en retour vous transmettre des pensées positives. Si vous lui envoyez des pensées de colère, de doute, de manque ou de tristesse, elle ne peut avancer dans la compréhension de votre lien, et vous retardez le processus de *réconciliation*, de *réunion* ou de *fusion*. Vous vous régénérez au contact l'un de l'autre, que ce contact soit physique ou énergétique. Veillez toutefois à ce que les énergies qui passent de l'un à l'autre par vases communicants ne deviennent pas des énergies qui passent uniquement en vases clos, c'est-à-dire en circuits d'énergies fermées et hermétiques. Vos énergies ont aussi besoin de régénération extérieure, afin que vous puissiez avancer correctement.

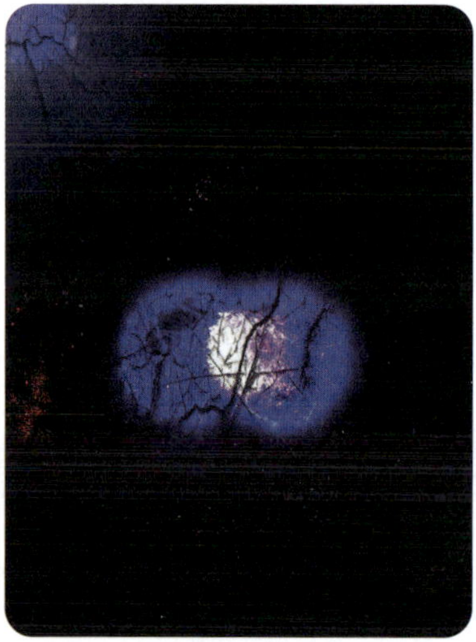

15

ÉNERGIES NÉGATIVES

Les flammes jumelles, qu'elles soient déjà réunies ou non, dégagent tellement d'amour et de lumière, qu'il n'est pas rare qu'elles éblouissent et dérangent *l'ombre* qui rôde. Les énergies négatives se nourrissent de vos peurs, et, de fait, vous êtes parfois votre propre ennemi, en concrétisant, par vos peurs, vos doutes, vos blessures et votre ego, des situations que vous ne souhaiteriez pourtant pas voir se produire. Les énergies négatives, qui peuvent se matérialiser par le biais de personnes ou de situations notamment, servent finalement la lumière, dans le sens où elles vous confrontent à votre ego et à toutes les peurs, doutes et blessures qui en découlent. Ainsi, cela vous oblige, bon gré mal gré, à travailler à votre complétude, en gérant ces peurs, ces blessures et ces doutes générés par votre ego spirituel, afin de ne pas avoir de failles dans lesquelles l'ombre pourrait tenter de s'immiscer pour vous empêcher de rayonner. Gardez bien à l'esprit que les flammes jumelles, assumées dans leur amour et leur rayonnement, sont invincibles, et ne peuvent être atteintes par des énergies négatives. La lumière est toujours plus forte que l'ombre, et ne peut être vaincue. Les flammes jumelles sont porteuses de lumière et d'invincibilité. En cultivant la foi et l'amour en leur cœur, vos énergies de lumière ne peuvent pas être entravées très longtemps par les énergies négatives.

16

KARMA

Vous pouvez avoir l'impression d'être à la merci d'événements bouleversants, voire difficiles, qui se produisent soudainement, et de ne rien pouvoir maîtriser. Les foudres karmiques sont à l'œuvre, afin de vous recadrer sur votre chemin de vie, de vous faire prendre conscience des illusions qui vous maintiennent dans le déni, et de libérer ainsi votre âme. Des révélations soudaines et inévitables peuvent également émerger, et il va vous falloir en tenir compte pour vos agissements futurs. Accueillez les modifications qui se présentent à vous. Par les situations et événements que vous vivez actuellement, vous êtes en train d'épurer un certain karma que vous avez engrangé avec votre flamme jumelle lors de vies passées. Ce karma est la conséquence de vos agissements antérieurs. Aussi, même si cela vous paraît un peu difficile à vivre, cette épuration est salvatrice pour vous deux et pour votre lien. Accompagnez cette épuration karmique par de la méditation et des prières spirituelles. En tant que flammes jumelles, vous vous connaissez depuis plusieurs vies, et vos liens karmiques sont bien réels et tangibles ; vous vivez un karma commun. Lors de votre rencontre, et de votre reconnexion, vos âmes se sont littéralement reconnues. Elles ont vibré à l'unisson. Votre but, au fil de vos incarnations, est de tendre vers la fusion de votre seule et même âme, vers l'harmonie complète et totale, vers la *fusion*. Compte tenu des temps énergétiques actuels, vous êtes amené à terminer le karma qui entrave, et à renforcer vos liens karmiques pour vous accomplir avec votre jumeau et vous *réunifier*, puis *fusionner*, enfin. L'époque terrestre est propice, et les temps sont venus.

17

LA SOURCE

La Source veille à ce que votre destin s'accomplisse, et sait très exactement où Elle souhaite vous emmener. Gardez foi et espoir, car de grandes et nouvelles perspectives très positives vont bientôt s'offrir à vous. Ayez confiance en la situation qui, pour vous deux, va se dénouer favorablement. Tout se fera selon le Plan divin, et selon le temps décidé et programmé par la Source. Cela peut aller plus vite que vous ne le pensez, si vous lâchez prise, et que vous vous en remettez à l'Univers. La Source *sait*. La Source *est*. Elle est votre Mère, Elle est votre Père, Elle fait toujours au mieux pour vous, pour votre jumeau, et pour votre lien de flammes jumelles. Laissez-vous guider et restez optimiste quant à votre avenir. Vous pouvez croire en votre bonne étoile, car rien n'est hasard, tout est divinement bien orchestré. Vous êtes énormément guidé et grandement protégé. Parlez également à vos Guides de Lumière, demandez-leur aide, protection et amour. Ils vous accompagnent sans relâche sur votre chemin de flammes jumelles. Gardez confiance, vous êtes sur la bonne voie, et cette carte est très positive.

18

KUNDALINI

La reconnexion avec votre flamme jumelle déclenche un éveil de votre kundalini, cette énergie sexuelle sacrée qui est lovée au niveau de vos chakras racine et sacré. Impalpable, immatérielle, elle est cependant très puissante et réelle. Votre énergie de kundalini se déploie et remonte vers votre chakra du cœur, où se produit une première explosion énergétique, avant de reprendre sa course, pour se transformer en un feu d'artifice au niveau des chakras du troisième œil et coronal, et vous connecter ainsi directement au plan supérieur divin. Cela vous octroie une puissance énergétique phénoménale et vous ouvre les portes de la connaissance intuitive et vibratoire. Cela amène votre sensibilité énergétique et médiumnique à se décupler. Votre intuition grandit et vous permet d'aller voir au-delà des apparences. Vous ressentez votre autre, et les autres en général, votre environnement, et cela peut provoquer chez vous des éclairs de lucidité, comme des préoccupations irrationnelles ou irréelles. Les rêves sont également favorisés. Cette montée de kundalini fait partie intégrante de l'éveil des flammes jumelles. Elle peut se produire, que votre autre soit à des centaines de kilomètres de vous, ou à vos côtés, du fait de sa simple présence physique, ou de rapprochements charnels plus intimes. Cette carte vous indique que vous pouvez vivre de fortes montées de kundalini et d'éveil médiumnique, et vous invite à écouter votre intuition, à amener au grand jour votre propre vérité, et à lever les illusions et tout ce qui était caché jusqu'alors.

19

UNION SACRÉE

Cette carte vous montre que l'union sacrée se fait d'abord en vous, en unissant votre masculin sacré et votre féminin sacré, afin d'être complet et rayonnant. Cette carte évoque également le rayonnement merveilleux et puissant que dégage l'union de deux flammes jumelles, que cette union soit sur le plan terrestre, dans la matière, ou sur le plan céleste, énergétique et éthérique. Ce mariage sacré irradie de mille feux, et rejaillit sur tout l'environnement des deux flammes jumelles. Cette carte vous rappelle qu'il y a plusieurs façons de s'unir à votre autre. Ce peut être par le cœur, par le corps, par l'âme, par les pensées, par l'énergie. L'amour que vous vous portez, que ce soit en conscience, ou dans l'âme, vous unit indéfectiblement l'un à l'autre. Cette union est déjà là, bien présente et réelle, elle se fait de plus en plus dans la matière. Bientôt, vous serez unis cœur, corps, esprit et âme. En effet, si vous n'êtes pas encore en union sacrée avec votre jumeau sur le plan terrestre, vous pouvez d'ores et déjà être assuré que vous êtes en très bon chemin pour atteindre votre objectif. Cette carte est un gage de réussite, de succès et de réalisation concrète. L'évolution que vous avez déjà accomplie sur votre cheminement de flammes jumelles va à présent être récompensée. Les semences ont poussé et mûri au soleil, et il est à présent temps de faire la récolte et d'obtenir les récompenses. Gardez également à l'esprit que par l'union sacrée des masculin et féminin divins en vous, et par votre union sacrée avec votre flamme jumelle, vous éclairez le monde, vous êtes un moteur, une énergie favorable et vitale pour toute l'humanité.

20

MISSION DIVINE

Les flammes jumelles ont une mission divine : servir la Source, afin d'aider, à leur petite mesure, la Terre et l'humanité. Pour cela, la Source veille à votre accomplissement, et vous envoie des balises lumineuses pour éclairer votre route. Ces balises peuvent prendre la forme d'un renouveau inattendu, permettre l'amélioration d'une situation, ou encore donner lieu à des évènements rapides et positifs, mais non prévus au départ. Tout cela est mis sur votre route pour vous pousser sans cesse vers la réalisation de votre mission de vie. Vous en prenez de plus en plus conscience.

La rencontre de deux flammes jumelles n'est pas une histoire d'amour classique et romantique. Vous allez vivre votre couple de plus en plus en tant que couple divin incarné sur Terre et y poser des énergies d'amour. Vous allez faire descendre dans la matière la complétude parfaite en vous et l'amour inconditionnel pour tous, et ainsi aider les autres. Vous comprenez pourquoi ce chemin de flammes jumelles est si dense et si complexe, car au-delà de votre propre histoire, vous avez une mission divine envers la Terre et l'humanité. Votre parcours de flammes jumelles est intrinsèquement lié à un champ d'énergies plus vaste qui touche à votre mission d'âme. Par votre avancement propre, vous plantez une graine pour l'humanité tout entière. Cette carte est très positive, et vous ouvre tout le champ des possibles. Votre réalisation est là, à portée de main, vous êtes éclairé, et vous allez réussir.

21

FUSION

Par la fusion avec votre flamme jumelle, vous embrassez le monde. Vous embrasez le monde. Le monde est contenu dans la *fusion*. Vous êtes le monde. Vous êtes accompli. Vous achevez un cycle pour en commencer un nouveau, sans commune mesure avec tout ce que vous avez pu connaître jusqu'à présent. Votre couple de flammes jumelles s'inscrit dans l'éternité d'amour. Vous rayonnez sur le monde, apportant aide à la Terre et à l'humanité. C'est le but ultime des flammes jumelles. Cette carte vous annonce que vous êtes en bon chemin vers la concrétisation de cette fusion. Elle annonce une réussite complète, un succès total et durable, la réalisation de vos désirs. Vous pouvez y croire car vous allez entreprendre un nouveau voyage.

Cette carte vous rappelle cependant que pour parvenir à la fusion, dernière étape du processus des flammes jumelles, il faut avoir accompli au préalable toutes les autres étapes correctement. Elle vous invite donc à vous pencher sur le chemin parcouru, à contempler votre propre monde intérieur, afin de vérifier notamment si vous vivez votre complétude au quotidien. Ne relâchez pas votre vigilance dans le but de ne pas retarder cette fusion. En tirant cette carte, n'en doutez pas, la fusion est ce vers quoi vous tendez grandement avec votre moitié. La fusion de deux flammes jumelles permet, par leurs énergies merveilleuses réunies, d'apporter une pierre de plus à l'édifice de construction de l'humanité éveillée.

SIGNIFICATION DES 56 ARCANES MINEURS

L'ÉTHER

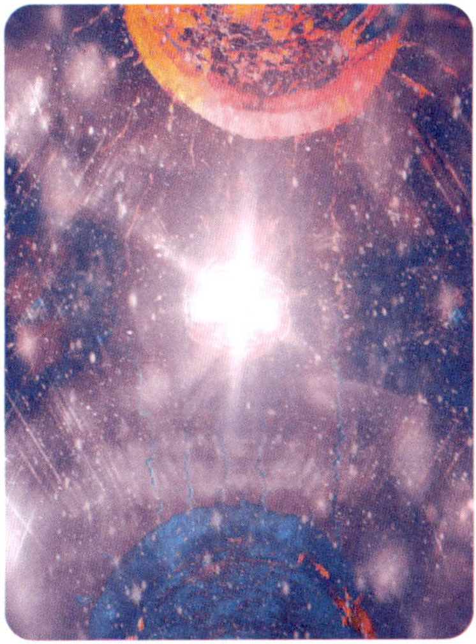

AS D'ÉTHER
ATTRACTION

La Loi d'attraction est puissante, et elle joue en votre faveur. Une fois reconnectées, les flammes jumelles s'attirent irrésistiblement. Ainsi, lors de la séparation, l'attraction continue à œuvrer de façon invisible mais pourtant bien réelle, et vous pousse l'un vers l'autre. Soyez positif, envoyez des pensées d'amour à votre autre, pour que cela se répercute positivement et fasse avancer votre relation. Vous attirez à vous ce que vous êtes, ce que vous pensez, ce que vous vibrez, aussi veillez toujours à rester dans des énergies positives d'amour afin de concrétiser le meilleur dans votre vie et de faire avancer votre relation avec votre flamme jumelle de façon significative. Actuellement, vous ressentez l'un et l'autre cette forte attraction.

DEUX D'ÉTHER
DÉCORPORATION

Votre flamme jumelle vient la nuit en décorporation astrale inconsciente pour vous visiter, prendre de l'énergie et de l'amour, vous en donner, vous parler… Vous vous unissez avec vos corps subtils, vous vous ressourcez l'un l'autre, l'un avec l'autre. Vous pouvez également aller la visiter. Ce que votre mental et vos ego freinent ou empêchent sur le plan terrestre de l'incarnation n'a pas lieu d'être sur le plan astral, et tout se fait naturellement. Cette relation est nourrissante. Le soir, avant de vous endormir, demandez à rejoindre votre autre sur les plans subtils, et à vous en souvenir. Cela fait aussi avancer votre relation.

TROIS D'ÉTHER

CINQUIÈME DIMENSION

Votre réunion de flammes jumelles s'effectue déjà dans la cinquième dimension, et vos corps fusionnent. Ainsi, vos chakras – sacré, cœur, et troisième œil – sont reliés, et la connexion des autres chakras est en cours. Laissez faire le processus, tout se met en place comme cela doit être, en prenant le temps nécessaire. Lors de vos méditations et de vos rêves, vous pouvez accéder plus facilement à cette cinquième dimension, et retirer tous les bienfaits de vos deux moitiés d'âmes, qui sont en parfaite harmonie et dans la sérénité. Prenez conscience que vous n'êtes pas séparés, et ne l'avez jamais été. Votre lien existe bel et bien, il est concret, tangible, et réel.

QUATRE D'ÉTHER
CHOSES CACHÉES

Il est fort possible que vous n'ayez pas encore réellement tous les tenants et aboutissants de votre histoire de flammes jumelles. La Source veille et vous met au courant des choses que vous devez savoir, au moment qu'Elle juge le plus opportun pour votre avancement de flammes jumelles, et non pas au moment où vous, vous le souhaiteriez. Tout a un sens positif d'évolution. Des situations, des mots, des événements vous ont peut-être été cachés, sciemment ou non, par différents acteurs gravitant autour de vous deux, ou par votre autre, et vous allez en avoir connaissance. Si cette carte est dans votre jeu, c'est que certaines révélations peuvent être faites, qu'elles vous paraissent positives ou difficiles. C'est le bon moment, et dans tous les cas, cela vous invite à accueillir, à réfléchir, à passer un cap, un palier d'évolution encourageant.

CINQ D'ÉTHER

NUIT NOIRE DE L'ÂME

La nuit noire de l'âme est cet abysse sans fin dans lequel nous nous enfonçons en pensant ne plus jamais revoir la lumière. C'est un puits d'incompréhension et de souffrances totales et absolues dans lequel on s'enferre. C'est toute notre existence qui s'effondre entièrement de toutes parts. Notre âme meurt à elle-même, et nous change à jamais. Mais gardons surtout en mémoire que c'est grâce à cette nuit noire de l'âme que nous amenons enfin sur Terre notre véritable *Essence divine*, et que nous allons pouvoir la faire vibrer et la vivre dans chaque cellule de notre corps. Cette nuit noire de l'âme est donc une sacrée chance sur le chemin. Elle nous offre une nouvelle peau, une seconde naissance, une re-naissance, afin d'atteindre enfin notre but ultime d'âme : notre plein potentiel de réalisation d'âme sur Terre. Aussi sûrement qu'après la tempête le beau temps revient, après la nuit noire de l'âme, la lumière revient, la situation s'éclaire, et votre âme rayonnera plus puissamment qu'auparavant. Aussi, même si vous éprouvez du découragement ou de la désespérance, si vous avez l'impression que rien n'avance dans votre relation, gardez foi et espoir. Malgré une situation désespérante en apparence, votre relation avance plutôt bien en coulisse, dans les plans subtils. Restez positif, occupez-vous de votre bien-être, retrouvez votre entrain, et continuez à y croire, afin d'insuffler à votre relation des énergies d'amour qui vont débloquer la situation. Celle-ci évolue assurément, même si vous n'en voyez pas encore les effets concrets.

SIX D'ÉTHER
DÉFIANCE

Les flammes jumelles ont signé avant de s'incarner un contrat avec la Source, et, dès lors, la Source fera tout, jusqu'au bout, pour que les flammes jumelles s'accomplissent ensemble. Les personnalités terrestres de l'un ou de l'autre peuvent, pendant un temps, refuser d'honorer leur contrat, mais tout, absolument tout, sera fait sur leur chemin pour qu'elles s'accomplissent ensemble. L'âme défiante qui s'entête et persiste dans un refus ou un déni de vivre sa relation de flammes jumelles s'expose à des difficultés de vie majeures qui peuvent la plonger dans de grandes souffrances, car elle n'est pas sur le chemin de vie qui doit être le sien. Nous ne pouvons pas aller contre la volonté de la Source dans une relation de flammes jumelles.

Cette carte indique que votre autre se trouve peut-être actuellement dans une phase de défiance vis-à-vis de votre relation de flammes jumelles. Si vous ressentez de la lassitude, et que c'est vous qui ayez envie de renoncer, prenez du temps pour vous, prenez du recul, laissez l'autre vivre ce qu'il a à vivre, mais gardez de la joie au cœur. Le renoncement peut venir sur votre chemin, afin de tester essentiellement votre volonté d'aller jusqu'au bout. Vous pouvez mettre cette relation de côté pendant un moment plus ou moins long, vivre autre chose, mais cela ne sera pas définitif. La Source y veille.

SEPT D'ÉTHER

CONNEXION DES CHAKRAS

Dès votre reconnexion, après votre rencontre, vos chakras – sacré, cœur, et troisième œil – ont commencé à votre insu à interagir avec votre autre. La connexion de vos chakras s'active de plus en plus, jusqu'à ce que vous ressentiez l'énergie de ces chakras dans votre corps physique et vos corps subtils. Vous ressentez fortement ces petites roues énergétiques qui se relient et vous unissent l'un à l'autre. Vos chakras vibrent de plus en plus à l'unisson avec votre flamme jumelle. Bientôt, ce sont tous vos chakras – du chakra de base au chakra coronal – qui se relieront fortement à votre autre, et qui pulseront. Le travail se fait également en parallèle dans la cinquième dimension. Laissez ce processus s'accomplir, il est signe que tout se met en place, petit à petit, et que votre relation avance et évolue.

HUIT D'ÉTHER
INTUITION

La relation de flammes jumelles développe grandement l'intuition. Cette carte vous demande de faire confiance à votre intuition, celle qui vient du cœur, et d'écouter un peu moins le brouhaha du mental qui brouille les pistes et vous fait douter. Vous avez de l'intuition, et la Source vous aide à y voir clair dans votre parcours de flammes jumelles. Votre intuition passe par différents canaux, et vous ressentez également votre autre énergétiquement, intuitivement, même s'il y a séparation ou distance géographique. Soyez certain que votre flamme jumelle vous ressent également. La connexion est là, bien présente, et votre intuition par les ressentis fait partie intégrante du processus des flammes jumelles. Vous savez ce qui vibre pour vous, profondément, ce qui est vrai et juste. Fiez-vous à votre intuition, à ce que vous ressentez en votre cœur, en votre âme. Vous parviendrez ainsi, de plus en plus, à faire taire vos doutes et vos peurs, liés à votre mental égotique. Votre cœur et votre âme ne mentent pas, et peuvent vous donner des indications précieuses sur votre parcours. L'intuition de votre jumeau se développe également grandement, et il a l'intuition que votre relation est vraiment particulière.

NEUF D'ÉTHER
RÊVES

Les rêves vont vous apporter des informations importantes dans votre parcours de flammes jumelles. Soyez attentif à vos rêves, car c'est un des moyens de communication que vos deux âmes ont choisis afin de communier. Cette carte indique également que votre autre rêve de vous, la Source veille et l'éveille aussi par ce biais, afin de lui faire prendre conscience de l'importance de votre lien. Et puis cette carte vous rappelle de ne pas abandonner votre rêve, celui d'être réuni avec votre flamme jumelle. Ce rêve est appelé à devenir réalité, si vous y croyez jusqu'au bout.

DIX D'ÉTHER

LIENS ÉNERGÉTIQUES

Les liens énergétiques entre vous deux sont bien réels, n'en doutez pas. Vous ressentez votre flamme jumelle, même s'il y a de la distance géographique entre vous, ou que vous soyez dans une phase de séparation. Vos chakras sont toujours reliés, notamment les chakras sacré, du cœur, et du troisième œil. Vous ressentez si votre autre est heureux ou non, vous savez intuitivement ce qu'il se passe dans sa vie, vous le ressentez énergétiquement, avec parfois une grande chaleur au niveau du cœur ou du plexus solaire. Ayez confiance en vos ressentis. Parfois, vous avez l'impression que tout cela s'estompe, et c'est normal. C'est en fonction de ce que vous vivez dans vos vies respectives, de votre état d'esprit à chacun, de vos préoccupations, et des barrières érigées consciemment ou non, extérieures ou non. Cependant, à partir du moment où il y a eu reconnexion, même si ces liens énergétiques peuvent fluctuer à certaines périodes, ils sont indestructibles et toujours présents.

PAGE D'ÉTHER
PENSÉES

Votre flamme jumelle pense à vous, n'en doutez pas. Votre autre est en train de prendre conscience de l'importance que vous avez pour lui. Il réfléchit, se pose des questions, il élabore des pensées, des réflexions, par rapport à vous et à votre relation. Il commence à conscientiser pleinement que votre relation est unique et importante. Même si pour le moment il ne donne pas de signes, sachez que vous êtes bien présent dans ses pensées et ses rêves.

De votre côté, vous êtes également connecté par la pensée à votre autre, et, ensemble, vous faites même de la télépathie. La télépathie est courante et naturelle chez les flammes jumelles. Cette carte dans votre jeu vous invite à communiquer par télépathie avec votre flamme jumelle, à lui dire en pensée tout votre amour, lui envoyer du soutien et des pensées positives. Votre autre vous recevra en son cœur. Faites de la méditation, ce sera plus facile.

CHEVALIER D'ÉTHER
GRATITUDE

Le chemin des flammes jumelles est un chemin de gratitude. Remerciez pour ce parcours extraordinaire qu'il vous est donné de vivre. C'est un chemin qui vous libère de vos blessures, de votre ego, de vos conditionnements terrestres, et qui libère votre âme. C'est un chemin qui vous permet de vivre l'amour inconditionnel, l'énergie la plus haute et la plus vibrante qui soit. Remerciez votre flamme jumelle pour tout ce qu'elle vous fait vivre de difficile, car c'est cela même qui vous permet de retrouver votre Essence et qui vous fait renaître à l'être véritable que vous êtes. Remerciez-vous pour cette opportunité incroyable que vous avez saisie, et choisi de vivre tout au long de ce chemin afin d'évoluer et d'accomplir votre âme. La gratitude est le chemin qui chante à votre cœur et qui vous éclaire quand il vous paraît trop souffrant. La gratitude est un moteur qui vous rappelle pourquoi vous êtes sur ce chemin, et tout ce que vous avez à y gagner. La gratitude éprouvée profondément en votre cœur est le chemin de compréhension qui ouvre toutes les portes, de façon que tout s'accomplisse avec votre autre.

REINE D'ÉTHER
FOI

À bien des moments, vous avez douté, trébuché, en vous demandant si vous n'étiez pas fou de croire à une chose pareille. Non, vous n'êtes pas fou, mais il est vrai qu'une relation de flammes jumelles est si forte, si particulière et si difficile qu'elle apporte beaucoup de doutes et de questionnements, c'est inévitable. Cette carte vous invite à y croire, à avoir foi en vous, et en cette relation merveilleuse, hors du commun. La foi vous procure force et sérénité afin d'avancer plus tranquillement dans votre cheminement. Gardez foi en vos ressentis, en vos impressions, en vos sentiments, car ils sont justes. Cette carte vous invite également à prier la Source avec conviction, afin d'être aidé sur ce chemin des flammes jumelles, pour tout faire en conscience. Enfin, elle vous indique également d'avoir foi en votre jumeau, et de ne pas douter un instant de tout le travail qu'il va accomplir de son côté pour se rapprocher de vous.

ROI D'ÉTHER
PROTECTION

Les flammes jumelles bénéficient d'une très grande protection divine. Sur votre parcours, il y a vos propres parts d'ombre, mais également des parts d'ombre extérieures à vous. Cette carte vous dit que vous êtes protégé, tant de vos propres noirceurs, qui peuvent vous entraver, que de la noirceur extérieure, qui essaie de se manifester à travers des personnes négatives, des énergies néfastes, ou des situations malsaines qui tentent de vous détourner de votre chemin de vie. Il n'y a absolument rien à craindre. La Source et vos Guides de Lumière veillent sur vous. La lumière vainc toujours l'ombre. Vous avez déjà bien travaillé à combattre vos propres parts d'ombre, continuez à vous alléger ; vous ressentez de plus en plus que vous êtes guidé, accompagné, et grandement protégé. Votre autre travaille également à ses propres parts d'ombre de son côté, et bénéficie d'une grande protection. Cette carte vous indique également que vous n'avez rien à craindre des attaques extérieures qui tentent de nuire à votre relation de flammes jumelles. Tout va bien.

LA MATIÈRE

AS DE MATIÈRE

DÉTACHEMENT

Cette carte vous invite à réfléchir sur la notion de détachement, et à emprunter cette voie salvatrice, de plus en plus, afin de vous réaliser pleinement avec votre flamme jumelle. Être détaché ne veut pas dire être indifférent. Plus vous serez dans le détachement, plus vous serez en amour juste. Le véritable amour n'attache pas l'autre. L'amour n'est pas la possessivité. Le véritable amour est d'aimer l'autre pour l'autre, et non pour soi. L'amour que se portent les flammes jumelles les rend libres de toute attache, et de toute entrave, bien qu'elles soient pourtant liées plus que tout autre, avec des obligations l'une envers l'autre. Tous les mécanismes de l'ego, la peur d'être trahi, d'être trompé, la peur de perdre l'autre, la peur d'être abandonné ou rejeté n'ont plus lieu d'être. Il est impossible que les flammes jumelles se perdent l'une l'autre. Elles sont liées pour l'éternité, et leurs âmes s'aiment déjà d'un amour pur et parfait. Cette carte vous demande de travailler à ce détachement, preuve d'amour pour vous-même et pour votre autre. Les flammes jumelles doivent gagner en autonomie, ne pas dépendre l'une de l'autre, tout en étant sur ce chemin uniquement l'une avec l'autre, ensemble dans la fusion totale.

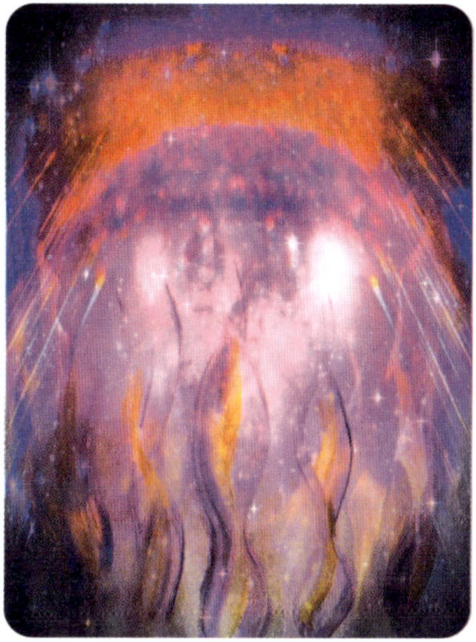

DEUX DE MATIÈRE
AIDE

La Source vous aide, n'ayez crainte, et malgré les apparences, tout est bien orchestré. Tout se vit comme cela doit être. L'aide que l'on vous envoie passe par des signes et des synchronicités, aussi soyez attentif.

L'aide peut vous être également apportée par l'égrégore énergétique flammes jumelles. Compte tenu des changements vibratoires en cours vous pouvez trouver du soutien auprès d'autres flammes jumelles, parler librement et partager vos expériences. Chaque histoire de flamme jumelle passe par les mêmes processus et, cependant, chaque histoire reste différente. Ce collectif de flammes jumelles peut être une bonne béquille, vous apporter un soutien, au travers de livres, vidéos, liens de réseaux sociaux, mais il importe aussi de prendre ce qui vous semble juste et judicieux et d'avancer de votre côté.

Si vous en ressentez le besoin, vous pouvez aussi vous faire aider par des personnes qui connaissent bien le parcours, le processus et le lien des flammes jumelles. Enrichissez-vous d'informations avec des livres, des vidéos ou des écrits qui vous inspirent et qui vous parlent positivement.

Vous êtes aidé, soutenu, pour avancer sur ce chemin. Vous n'êtes pas seul, n'en doutez pas, et restez positif.

TROIS DE MATIÈRE
ÉNERGIE TIERCE

Actuellement, des éléments extérieurs pèsent sur votre lien de flammes jumelles et vous empêchent d'être ensemble complètement en harmonie. Votre autre est vraisemblablement influencé par les personnes qu'il côtoie, et il y a une ou plusieurs personnes qui, consciemment ou inconsciemment, entachent votre relation par des énergies négatives ou toxiques. Il est possible que certaines soient dans votre entourage, mais il est fort probable que ces personnes soient surtout dans l'entourage de votre autre. Cette ou ces personnes tierces happent les énergies de votre flamme jumelle, qui ne se rend pas toujours compte de leur vraie nature fourbe. Vraisemblablement, ces personnes sont liées à votre autre par un karma à régler en rapport avec des vies antérieures. Faites confiance à votre flamme jumelle, car si ces personnes sont sur son chemin, c'est qu'elle a la force de mettre enfin un terme à ces liens karmiques néfastes. Ne la jugez pas, et envoyez-lui beaucoup d'amour pour l'aider.

Cette carte peut également indiquer qu'il y a une complète incompréhension de la part de votre entourage, qui ne peut pas appréhender ce que vous vivez, ni le lien divin qui vous unit. Même avec la meilleure volonté du monde, les personnes qui ne vivent pas elles-mêmes un lien de flammes jumelles ne peuvent pas comprendre cette relation, et leurs conseils ne sont pas vraiment adaptés à ce lien si particulier.

QUATRE DE MATIÈRE
BLESSURES

Votre flamme jumelle est votre miroir parfait. Votre moitié est là pour vous faire travailler vos blessures, et va donc appuyer inconsciemment très exactement là où ça fait mal, en vous faisant vivre des situations difficiles. Le but est de gérer et de dépasser vos propres blessures, et votre autre vous offre ainsi un cadeau inestimable. La réciproque est également vraie. Cette carte vous invite à soigner vos propres blessures avec amour, douceur et compassion pour vous-même. La relation des flammes jumelles fait souvent travailler les blessures de rejet, d'abandon et de trahison. Parfois également, les blessures d'injustice et d'humiliation, bien que cela ne s'apparente pas, évidemment, à une relation toxique. Si des situations vécues avec votre flamme jumelle vous mettent dans l'inconfort, la colère ou la peine, regardez à quelles blessures cela vous renvoie, pour y travailler et les dépasser. Au besoin, faites-vous aider par un thérapeute qui comprend le mécanisme relationnel des flammes jumelles.

CINQ DE MATIÈRE
EGO SPIRITUEL

L'une des problématiques essentielles à la réunion des flammes jumelles est leur ego mal géré. Cette carte vous demande de continuer à travailler sur votre ego spirituel, afin de lever toutes les barrières qui font obstacle à une relation harmonieuse. Derrière l'ego qui prend le contrôle, se cachent souvent des peurs et des blessures qui refont surface. La personne redoute de se perdre et de se noyer dans cette relation si intense, qui la submerge tel un raz de marée. L'ego entre en jeu parce que la personne a peur de souffrir, d'avoir mal, d'être rejetée, de ne pas s'en sortir, de perdre la face. Et cela finit souvent en conflit. Tentez de repérer lorsque votre ego ou celui de votre flamme jumelle entre en jeu, afin de désamorcer ses mécanismes. Au besoin, éloignez-vous temporairement l'un de l'autre, afin de ne pas laisser de prise à l'ego de votre autre ni au vôtre.

SIX DE MATIÈRE
LIMITES

Si vous avez l'impression que votre autre dépasse les bornes, il est temps de poser vos limites. Aimer votre flamme jumelle inconditionnellement ne veut pas dire que vous êtes obligé de tout accepter de l'autre. Il est important d'être en accord avec vous-même, afin de ne pas vous mettre dans l'épuisement ou en souffrance. Poser vos limites, avec douceur, amour et fermeté, permet à l'autre de se remettre en question, de réfléchir à la situation, de vous prendre en considération et d'avancer sur le chemin. Si vous vous rendez compte que vous avez atteint vos limites, et que vous ne pouvez pas aller plus loin dans ce que vous vivez, ne vous culpabilisez pas. Il est important de vous écouter.

Il se peut également que votre champ d'action, ou celui de votre autre, pour faire avancer votre relation, soit limité actuellement, ou que votre flamme jumelle soit limitée par ses peurs, son ego, ou par des situations extérieures à elle.

Dans tous les cas, retenez qu'il est important de ne pas vous limiter dans l'amour que vous vous portez. Votre amour est infini et sans limites. C'est cela qui vous permet, à l'un comme à l'autre, d'évoluer dans cette relation merveilleuse.

SEPT DE MATIÈRE
PASSÉ

Si le passé vécu avec votre autre est encore pesant, il peut vous entraver sur votre chemin de flammes jumelles. Cependant, le travail d'épuration est largement entamé. Votre passé est derrière vous, il est temps d'aller de l'avant, et de ne plus ressasser un passé douloureux avec votre autre. Si vous êtes amené à reparler de votre passé commun avec votre flamme jumelle, ce ne doit pas être pour vous faire des reproches, mais simplement pour donner des explications et comprendre ce qu'il s'est passé. Les regrets ne servent à rien, et, ce passé commun doit devenir une force dans laquelle puiser pour avancer avec sérénité. Repartez sur de nouvelles bases, et construisez plutôt un avenir radieux. Votre autre également est marqué par votre passé commun et passe par des phases où il repense à ce que vous avez vécu. Il est possible que ce passé concerne également des situations qui n'ont pas à voir directement avec votre autre, et qu'il faut gérer et épurer, dans l'optique de vous libérer de ces énergies du passé pour penser à votre avenir.

HUIT DE MATIÈRE

LIBRE ARBITRE

Dans le cheminement des flammes jumelles, le libre arbitre existe en toute relativité, et est somme toute assez limité. Ce que l'on croit être du libre arbitre n'est en fait qu'une guidance très fine et éclairée. En effet, les flammes jumelles ont choisi ce qu'elles vivent bien avant de s'incarner, et elles doivent se laisser guider par la Source afin de pouvoir s'accomplir. L'essentiel est écrit, ce contrat d'âme a été signé conjointement par les deux flammes jumelles et la Source.

Derrière le libre arbitre se cache aussi la notion de liberté. Les flammes jumelles doivent trouver leur juste place, afin de ne pas se sentir enfermées dans la relation, ni enfermer l'autre. Aimer véritablement, c'est laisser l'autre libre, c'est être dans une sécurité affective absolue, dans la confiance du lien d'amour indéfectible. L'amour que se portent deux flammes jumelles offre cela en totalité. Cette liberté ne signifie pas que l'on est libre de tout engagement vis-à-vis de son autre, elle signifie plutôt que l'on est dans l'amour véritable, et non dans l'attachement. Cette relation amène à la liberté de choisir son autre en toute conscience et pour les bonnes raisons ; libre de l'aimer, libre d'être soi, sans jugement de l'autre, sans peurs et sans doutes qui rongent. C'est aimer son autre, quoi qu'il fasse, quelles que soient les circonstances de la vie.

Il est possible que vous ou votre autre ayez peur de perdre votre liberté si vous vous engagez dans cette relation de flammes jumelles. Il n'en est rien, car ce parcours apprend à ne pas posséder l'autre, mais tout au contraire à l'aider à rayonner, à partager, et à s'engager de cœur à cœur, d'âme à âme.

NEUF DE MATIÈRE
SURVEILLANCE

Même si vous n'avez plus de contacts actuellement, ou que les contacts sont épisodiques, votre moitié se tient néanmoins au courant de vos faits et gestes, par le biais de vos amis communs et des réseaux sociaux notamment. Il est à noter que vous faites certainement de même. Se tenir au courant, avec parcimonie, peut être rassurant, mais espionner de façon maladive vous dessert et dessert votre relation. Cela cristallise une angoisse et des suppositions qui ne devraient pas être. Cela ne fait que retarder à nouveau les contacts entre vous, car cela vous empêche d'avancer de votre côté pour revenir ensuite l'un vers l'autre. Vous êtes décentré sur la vie de votre autre, au lieu de vivre votre propre vie. Faites-lui confiance, et faites-vous confiance. Posez des énergies positives sur votre relation. Dans les phases de séparation ou d'éloignement, chacun vit ce qu'il a à vivre pour évoluer vers une réconciliation.

DIX DE MATIÈRE
SYNCHRONICITÉS

Si vous êtes attentif, vous constatez que beaucoup de signes se mettent en place autour de votre lien de flammes jumelles. Des chiffres, des noms, des endroits, des coïncidences, des clins d'œil… De plus en plus de synchronicités vont apparaître dans la vie de votre flamme jumelle et dans la vôtre, et elles ont pour objectif de vous montrer que vos chemins doivent s'unir pour cheminer ensemble. La Source, sans cesse, par divers moyens, vous pousse l'un vers l'autre, et celui qui s'égare est amené par ces différentes synchronicités à modifier son mode de fonctionnement vis-à-vis de son jumeau. Les synchronicités sont des explications précieuses qui vous sont données pour améliorer votre relation avec votre autre.

Cette carte vous indique que vous vivez des synchronicités pour renforcer votre lien d'appartenance à la même âme et vous conforter dans votre lien de flammes jumelles. Ce sont des indices supplémentaires que les liens d'union de vos deux vies sont en train de se tisser étroitement, vous poussant à la réunion, puis à la fusion. Soyez attentif, car d'autres signes vont se faire jour. Il se pourrait également que votre moitié vous fasse un signe si vous êtes actuellement séparés.

PAGE DE MATIÈRE
TRAVAIL

Le travail de réunification de l'un et l'autre se fait, il est en cours. Peu importe que cela se fasse tranquillement ou par à-coups, retenez que le travail se fait, même si vous n'en voyez pas encore les résultats tangibles. Cette carte vous invite à continuer votre travail sur vous-même, avec joie, pour aider le processus à se mettre en place correctement. Aussi, quoi qu'il se passe, restez dans l'amour, dans la compréhension, dans l'acceptation, et tous vos sentiments difficiles seront épurés. Cette carte signale également que votre autre travaille grandement de son côté à son évolution. Vous avancez l'un et l'autre. Laissez les choses se décanter.

Enfin, cette carte rappelle que les flammes jumelles ont souvent pour mission de travailler concrètement ensemble, que ce soit pour un travail bien terrestre ou pour un travail plus énergétique et spirituel. Il se peut également qu'il leur soit demandé tout simplement de travailler à établir entre elles une vie harmonieuse, remplie de joie et d'amour, et de montrer l'exemple, de rayonner puissamment pour que d'autres personnes bénéficient de leurs vibrations extraordinaires.

CHEVALIER DE MATIÈRE
NOUVELLES

Réjouissez-vous, vous allez avoir une belle surprise, un cadeau du ciel : vraisemblablement, vous allez recevoir des nouvelles de votre flamme jumelle. Si vous êtes en période de séparation, un nouveau contact est tout à fait possible. C'est quelque chose à quoi vous ne vous attendez pas mais que vous espérez. Cela va vous donner de la joie et vous mettre du baume au cœur. Cela vous permettra de reprendre espoir, de patienter, et de retrouver un peu de sérénité.

Votre moitié peut également vous donner des explications concernant une situation passée ou présente, ce qui vous permettra de mieux comprendre ce que vous vivez. Un nouvel éclairage va vous être donné et cela sera bénéfique pour votre relation.

REINE DE MATIÈRE
COMPRÉHENSION

Une prise de conscience se fait jour, de plus en plus, par rapport à votre lien de flammes jumelles, et par rapport à ce que vous vivez. Cette compréhension vous aide grandement à avancer. Vous voyez votre relation sous un nouvel angle, et vous comprenez toute la dimension sacrée et spirituelle que ce lien vous offre. Vous entrez dans un champ de conscience plus vaste, et vous appréhendez que votre relation de flammes jumelles dépasse de loin votre propre histoire, sert l'histoire de l'humanité et l'évolution de la Terre. Vous vous sentez relié à votre flamme jumelle, mais également au grand Tout, à la Source, et à tout ce qui existe. Votre relation vous permet d'évoluer de l'être incarné vers l'être divinisé. Plus concrètement, il est possible également que des éclaircissements vous soient apportés sur des éléments du passé vécu avec votre autre, ou sur des situations de vie actuelles que vous ignorez, et cela permettra de faire un bond en avant pour votre relation. Une meilleure compréhension passe entre vous deux, les discussions sont constructives et plus sereines.

ROI DE MATIÈRE
RETROUVAILLES

Vous êtes dans des énergies de retrouvailles. S'il y a eu séparation, vient le temps de la réconciliation et des retrouvailles. Vous allez vous revoir, communiquer, échanger, être dans la joie, et prendre du plaisir à être ensemble. Vos problématiques ne seront pas encore pour autant toutes résolues, mais vous allez vous faire travailler l'un l'autre, tout en étant en contact, et avancer en définitive dans la même direction. Restez cependant vigilants, car ces retrouvailles restent fragiles pour le moment, et vous ne devez plus réagir comme au début de votre relation. Le passé est assimilé, et l'ego est géré de mieux en mieux. Vous devez identifier les sources de conflit ou les dissonances, et les gérer systématiquement, épurer ce qu'il y a à épurer. Avec les retrouvailles, les zones d'ombre doivent être mises au grand jour, avec amour, confiance et dépassement de soi.

LE FLUIDE

AS DE FLUIDE

INSTANT PRÉSENT

Cueillez pleinement l'instant présent. Prenez ce qui vous est offert. Prenez le temps d'apprécier réellement tous les bienfaits qui sont mis sur votre chemin de flammes jumelles, sans vous projeter dans un futur potentiel avec votre autre. Vivez dans l'ici et maintenant, car c'est en assimilant correctement chaque leçon de votre présent que vous construirez un futur harmonieux avec votre flamme jumelle. Remerciez pour tout ce qui vous a déjà été donné. Appliquez-vous à prendre le temps de bien vivre, à faire les choses en conscience, ce qui vous permettra de débloquer les situations. Il y a des moments pour rêver à votre moitié, et des moments pour être pleinement présent à ce que vous faites dans votre quotidien. Soyez présent pour vos proches, n'anticipez pas les situations, car tout arrive à point nommé.

DEUX DE FLUIDE
CONFIANCE

Pour aller jusqu'au bout de ce parcours de flammes jumelles, il est important de garder confiance en votre autre, en votre lien, en la Source, et bien évidemment en vous. Gardez confiance, une confiance inébranlable, quoi que vous viviez de difficile dans votre relation. Cette relation hors du commun éprouve votre foi de bien des manières, et la clé de votre réussite est de rester dans la confiance absolue que tout se fera. Vous êtes en bon chemin, et tout va se concrétiser pour vous. Votre confiance est primordiale pour atteindre votre but. C'est l'une de vos clés. Renforcez votre confiance dans la relation, et l'un envers l'autre.

TROIS DE FLUIDE
COLÈRE

Envoyez des pensées positives à votre jumeau. Si vous éprouvez de la colère à son encontre, parce que votre histoire est compliquée et difficile, vous lui envoyez du négatif, et vous entachez votre lien. La colère freine, voire bloque, votre retour l'un vers l'autre. Cette carte vous invite à réfléchir aux motivations de votre colère, à ce que cela fait remonter en vous de douloureux. Cela vous invite à gérer vos blessures.

Il semble également que cette colère soit avant tout retournée contre vous-même. Peut-être pensez-vous avoir mal fait les choses dans certaines situations avec votre flamme jumelle. Sachez que rien n'est hasard, et tout se vit comme cela doit être. Tout sert à votre évolution. Faites de la méditation et demandez à votre Guide de Lumière de vous aider à gérer et à dépasser votre colère avec amour, pour vous-même et pour votre autre.

QUATRE DE FLUIDE
MANQUE

Si vous vibrez sur la fréquence du manque de votre autre, c'est la demande que vous envoyez à l'Univers. En retour, l'Univers va se conformer à vous et renvoyer ce que vous lui avez demandé : le manque de votre autre, et donc son absence. Si vous ressentez le manque de votre flamme jumelle, c'est que vous n'êtes pas assez centré en vous-même, et il vous faut travailler à votre complétude. Vous devez vous remplir de vous-même, et non de l'autre, et vous sentir serein. Votre flamme jumelle n'est pas dans votre vie pour combler un manque en vous. Elle doit venir parce que vous êtes déjà bien avec vous-même, heureux, avec des projets, et elle vous apporte quelque chose en plus de tout ce que vous avez déjà.

Si votre vie « vibre ce manque », vous ne laissez pas de place pour la remplir d'une autre énergie qui serait plus aimante et sereine. Travaillez à vibrer la complétude, la joie, l'épanouissement, l'amour, et vous verrez que, comme par magie, votre autre reviendra, puisque c'est la demande que vous aurez envoyée à l'Univers.

CINQ DE FLUIDE
CULPABILITÉ

Il est possible que vous ou votre flamme jumelle soyez dans la culpabilité par rapport à ce qui a pu se passer entre vous. Cela génère aussi beaucoup de tristesse. Si c'était à refaire, il est certain que vous auriez fait certaines choses différemment… Sachez que rien n'est hasard, et que tout est merveilleusement orchestré. Aussi, pas de culpabilité à avoir, car tout s'est déroulé très exactement comme cela devait être afin de vous faire avancer l'un et l'autre. La culpabilité indique qu'il y a une prise de conscience, mais elle reste une énergie négative bloquante qui doit être dépassée. Plutôt que de la culpabilité et de la tristesse, attachez-vous à éprouver de la gratitude et de la joie pour tout ce qui a été vécu par le passé, car c'est cela même qui permet à l'un et à l'autre d'évoluer. Le passé est le passé. Tirez-en des leçons positives, et allez de l'avant.

SIX DE FLUIDE
PEURS

Plus vous avancez dans votre relation de flammes jumelles et plus vous êtes confronté à vos peurs les plus profondes. Peur de perdre l'autre, peur qu'il vous délaisse, peur qu'il ne revienne jamais, peur de vous tromper sur cette relation, peur qu'il ne vous aime pas ou plus… C'est un processus normal et qu'il est important de gérer. La peur est l'énergie contraire à l'amour. Cette carte vous invite à regarder vos peurs en face, à plonger profondément en vous-même, afin d'y travailler, d'y revenir, pour finalement les dépasser. La peur est une énergie négative bloquante qui vous empêche d'avancer et de cheminer avec recul et discernement. Apprivoiser vos peurs permet une plus grande ouverture de conscience. Votre relation de flamme jumelle ne peut évoluer tant que vous êtes dans la peur. Rappelez-vous que la peur n'évite pas le danger. Alors, lâchez vos peurs et faites-vous confiance, faites confiance à votre moitié ainsi qu'à la Source, car vous êtes bien destinés l'un à l'autre.

SEPT DE FLUIDE
DOUTES

Ne doutez plus que ce soit votre flamme jumelle. Vous vivez quelque chose d'extraordinaire, hors norme. Vous le savez au fond de vous. Si vous écoutez vraiment votre cœur, vous savez pertinemment ce qu'il en est. En douter, c'est abaisser vos vibrations à tous les deux. Lorsque cette carte vous apparaît dans un tirage, c'est pour vous rappeler que, si vous souhaitez avancer dans votre relation de flamme jumelle, le doute n'est plus permis. C'est aussi pour vous signaler que votre moitié peut entrer dans une période de doute, et se poser beaucoup de questions en lien avec ce que vous avez vécu, mais aussi par rapport à vous, et par rapport à sa vie actuelle. Votre jumeau ne sait plus où il en est. Il est possible que ce qu'il vit en ce moment lui pèse et qu'il commence à se demander s'il est sur le bon chemin. Cette période de remise en question est agitée, mais aussi salvatrice et indispensable pour libérer les énergies de tensions, d'angoisses, et de doutes. Accueillez, soyez là pour votre autre, mais laissez-le faire son chemin et se débattre avec ses doutes à dépasser. C'est un passage obligé.

HUIT DE FLUIDE
MASQUE

Il est temps de faire tomber les masques, et la Source vous pousse tous les deux en ce sens. Cette carte vous demande d'être toujours sincère et aimant envers votre flamme jumelle, et d'exprimer ce que vous souhaitez vraiment au plus profond de votre cœur, sans faux-semblant. Derrière les masques que l'on revêt, il y a l'ego, qui tente, de façon illusoire, de se protéger et de se préserver. Il est donc important de travailler à gérer votre ego pour pouvoir faire tomber les masques et être dans une relation juste et vraie.

Du côté de votre flamme jumelle, il est probable que votre moitié porte encore un masque lié à son *faux self* (son faux lui-même). C'est la plupart du temps, pour votre autre, comme une seconde peau acquise dans l'enfance, un mécanisme de défense qui lui a permis de s'adapter à son environnement pour survivre émotionnellement. Son *faux self* est censé le protéger de toutes les blessures que l'on pourrait lui infliger, et il lui permet de ne pas trop s'impliquer émotionnellement dans les relations avec les autres. Il est amené de plus en plus à gérer cette problématique, à faire tomber son masque, par les situations de vie qu'on lui présente, et l'on vous demande de votre côté d'être vrai et indulgent, de l'aider à faire tomber ce masque définitivement. C'est loin d'être simple et facile pour lui.

NEUF DE FLUIDE
SOLITUDE

Après tout ce que vous avez déjà traversé, il est parfois nécessaire de vous isoler et de prendre le recul nécessaire par rapport à la situation que vous vivez. Si vous vous sentez seul, ne voyez pas votre solitude comme un échec, mais tout au contraire comme une ressource bienveillante qui vous permet de renforcer vos ressentis, de trouver vos solutions pour continuer positivement sur le chemin qu'il vous reste à parcourir avec votre flamme jumelle. Il y a un temps pour tout, un temps pour agir, et un temps pour observer, se taire, réfléchir à la situation. Cette carte vous suggère que ce n'est pas le moment de faire, mais plutôt d'accueillir vos émotions, vos sentiments, vos réflexions. C'est un moment de solitude et de silence bienvenus en vous, et ainsi un temps pour faire le point. Votre solitude ne durera pas. Elle n'est qu'apparente, car vous êtes toujours relié à votre flamme jumelle. Profitez de ce temps donné pour avancer et évoluer dans vos réflexions et votre ouverture de cœur. Viendra ensuite le temps des retrouvailles. La solitude ne doit pas être pesante, mais est là pour vous apprendre à être bien avec vous-même. Si vous êtes bien avec vous-même, vous n'êtes pas seul.

DIX DE FLUIDE
COMPENSATION

La compensation fait partie intégrante du processus des flammes jumelles. Elle vient après la nuit noire de l'âme. Vous commencez à revivre. Vous trouvez en vous les ressources nécessaires afin de retrouver un équilibre. Vous faites l'acquisition d'énergies que votre autre possède et qui vous manquaient jusqu'à présent. Il vous a montré. Vous avez compris le processus. Vous avez compris qu'il faut vous aimer inconditionnellement pour pouvoir aimer votre autre inconditionnellement. Votre être se remplit d'énergies positives et nouvelles, ne laissant plus de place au vide et au manque. Vos pôles énergétiques *Masculin sacré* et *Féminin sacré* trouvent un meilleur équilibre en vous.

Cette carte indique que la charge énergétique que vous portiez jusqu'à présent se fluidifie, et bascule vers votre flamme jumelle, de manière à lui montrer ce qu'elle doit de son côté travailler. La compensation s'établit énergétiquement entre vous deux, et la Source demande à présent à votre autre de travailler à sa propre compensation en lui.

PAGE DE FLUIDE
PARDON

Lorsque vous avancez sur le chemin des flammes jumelles, vous êtes à un moment confronté à l'énergie du pardon. Si vous piochez cette carte, c'est qu'il est temps de plonger en vous-même, et de travailler sur le pardon. En tout premier lieu, il est important de vous pardonner à vous-même, pour les erreurs et les manquements que vous croyez avoir commis. Vous pardonner aussi pour votre manque d'amour envers vous-même. Et puis pardonner profondément à votre autre, si vous pensez qu'il vous a déçu, blessé, trahi, fait souffrir. Il n'en est rien, mais c'est la perception que vous en avez qui compte. Et puis pardonner aux autres, si vous pensez que certaines personnes vous ont empêché d'être ensemble avec votre moitié. Il n'y a pas de cause extérieure réelle, car cela était à vivre ainsi, et tout sert la Source à dessein sur le cheminement des flammes jumelles. Tout est toujours juste, pour votre avancement. Le pardon profond, vrai et sincère est une belle énergie libératrice, qui accélère le processus de retrouvailles avec votre flamme jumelle.

Cette carte indique également que vous pourriez recevoir de votre autre une demande de pardon, alors que vous ne vous y attendez pas. Il est probable en tout cas qu'il y réfléchit et ressent le besoin de s'exprimer à ce sujet.

CHEVALIER DE FLUIDE
ESPOIRS

Vous avez raison d'avoir de l'espoir par rapport à l'évolution de votre relation avec votre flamme jumelle, car vos espoirs vont se concrétiser. Vous êtes dans le juste, vous êtes dans le vrai, vos espoirs ne sont pas vains, ils sont réalistes et sains, et vous pourriez bien avoir de belles surprises. Gardez cependant bien à l'esprit que l'espoir n'est pas l'attente. Il s'agit ici d'un espoir serein, d'une certitude tranquille que les événements vont arriver lorsque ce sera le bon moment. Il ne s'agit pas d'une attente frénétique qui vous ronge et qui focalise inutilement toute votre attention. L'attente envoie des vibrations de « vide » à l'Univers, qui en retour ne peut que vous renvoyer ce que vous vibrez, c'est-à-dire l'attente. L'espoir envoie des vibrations de « plein » à l'Univers, qui en retour concrétisera vos espoirs. Cette carte vous invite à vivre votre vie avec joie et apaisement, sans attente, car tous les espoirs sont permis. Votre situation actuelle va changer positivement.

REINE DE FLUIDE
JOIE

Cultivez la joie ; c'est une des conditions pour que vous puissiez vous « réunifier » à votre flamme jumelle. N'attendez pas d'être avec votre autre pour vous sentir en joie dans votre vie, mais appliquez-vous à faire l'inverse. En effet, en cultivant la joie d'être, vous allez attirer à vous des situations qui vous mettront en joie par rapport à votre flamme jumelle. Le positif attire le positif. La joie doit nourrir votre vie, car vous avez compris la chance que vous avez de vivre une telle relation. Votre âme vibre de joie d'avoir retrouvé sa moitié. La joie est une des émotions positives les plus hautes vibratoirement. La joie amène à la gratitude.

Cette carte signifie également qu'une grande joie est à venir pour vous, en lien avec votre flamme jumelle. Cela va combler votre cœur, et vous réjouir grandement.

ROI DE FLUIDE
COMPLÉTUDE

Cette carte vous demande de continuer à travailler à votre complétude. Vous êtes sur le bon chemin, vous atteignez votre but, votre complétude, et vous vous sentez dans la sérénité. Vous êtes passé par différentes étapes, le chemin est long et difficile, mais vous en ressortez grandi, mûri, et empli de plénitude, même s'il reste encore à travailler. La complétude est à trouver d'abord en vous, car il s'agit d'être complet avec vous-même, équilibré dans votre part de yin et de yang. Trouvez en vous le bonheur et la joie d'être, de vivre en accord avec vous-même. Lorsque vous serez en vibration juste avec vous-même, vous pourrez ensuite être dans la complétude avec votre flamme jumelle et vibrer à l'unisson sur la même fréquence d'amour. Le chemin sera alors plus simple. La complétude vous amène à un alignement de tout votre être. Il y a un parfait accord entre ce que vous pensez, ce que vous dites, et ce que vous faites. Vous êtes centré, vous vibrez l'unicité de votre être, et l'ouverture de votre cœur est bien présente.

LA FLAMME

AS DE FLAMME
ATTENTE

Cette carte vous invite à vous pencher sur vos attentes par rapport à votre flamme jumelle et à la relation que vous vivez. Qu'attendez-vous de votre autre ? Qu'attendez-vous de cette relation ? Êtes-vous dans une attente sereine et détachée, ou dans une attente fébrile et entêtante ? L'attente sereine laisse passer la libre circulation des énergies entre votre flamme jumelle et vous-même, alors que l'attente fébrile peut bloquer la circulation de ces mêmes énergies de l'un à l'autre. Afin d'avancer dans votre relation avec votre flamme jumelle, cette carte vous invite à prendre le recul nécessaire et à analyser votre façon d'être par rapport à vos attentes, et si besoin à travailler à les modifier. Ne soyez pas dans l'attente obsédante que votre autre revienne vers vous, ou qu'il vous fasse un signe, ou qu'il vous dise ce que vous souhaitez entendre. Cela ne ferait que retarder la concrétisation, car si vous émettez une énergie d'attente, l'Univers, pour se conformer à vos demandes, vous renverra une énergie d'attente et non d'aboutissement. Vivez plutôt votre vie dans la certitude sereine et positive que votre autre va revenir ou vous faire un signe. Si cela est bien géré, cette carte peut vous indiquer que vos attentes seront bientôt récompensées, qu'un bonheur se profile…

DEUX DE FLAMME
ACCUEILLIR

Accueillez ce qui se présente à vous, un nouveau relationnel, comme de nouvelles situations dans votre vie. Laissez votre vie se transformer, il est temps d'accueillir sans résistance tous les changements qui s'opèrent en vous et dans votre vie. N'essayez pas de maîtriser les événements, la vie coule comme cela doit être, et tout se met en place selon un Plan décidé par la Source. Accueillez de bon gré tout ce qui se passe, sans reproche, sans colère, sans rancœur, y compris tout ce que votre flamme jumelle peut vous renvoyer de plus ou moins agréable. Quoique vous viviez, cela a pour but de vous faire progresser. Votre autre est votre miroir, et va impacter très exactement les points que vous avez besoin de travailler pour avancer pleinement sur ce chemin. Accueillez avec amour et acceptez ce processus de transformation qui s'opère en chaque être lorsqu'il rencontre sa flamme jumelle. Tout a un but précis. Même s'il y a encore des incompréhensions ou des réticences tout à fait normales, les énergies se libèrent, et des événements se mettent en place pour vous rapprocher l'un de l'autre. Accueillir, ne pas résister, ne veut pas dire abandonner, subir, ou être passif. Cette carte vous demande d'accueillir ce qui est, de ne pas lutter, et d'accompagner activement le mouvement qui se met en branle. Si vous résistez, dans l'immobilisme, vous prenez le risque de vous infliger de profondes souffrances. Mettez au contraire à profit ce qui vous arrive pour comprendre le sens profond des événements, accueillir pleinement les situations de votre vie, et adoptez un autre point de vue. Vous comprendrez mieux les tenants et aboutissants de ce que vous vivez. Cela vous permettra grandement d'évoluer dans votre relation de flammes jumelles.

TROIS DE FLAMME
AGIR

Il est temps d'agir, avant toute chose par rapport à vous-même, afin que, par les principes des vases communicants, votre flamme jumelle en ressente les bienfaits, et puisse en bénéficier à son tour. Prenez votre vie en main, posez des actions fortes et heureuses dans votre vie et pour votre avancement. Pensez un peu à vous, mettez des choses en place qui vous tiennent à cœur, réalisez vos rêves, osez ! Ne laissez plus ce pouvoir entre les mains de quelqu'un d'autre, y compris de votre flamme jumelle. N'attendez pas que les choses viennent à vous, mais agissez, afin de vous ouvrir à l'abondance, qu'elle soit professionnelle, matérielle ou spirituelle. Si vous avancez positivement, votre autre va également avancer positivement. Cette carte peut aussi vous indiquer que vous avez la possibilité d'agir sur la situation que vous vivez actuellement avec votre flamme jumelle, à moins que ce ne soit votre autre qui agisse. Des actions vont être menées, et vraisemblablement des situations vont se dénouer.

QUATRE DE FLAMME
FUITE

Dans toute histoire de flamme jumelle, il y a le moment de la fuite, comme un passage obligé. Ce temps est nécessaire à la construction, à la structuration et à la prise de conscience des deux flammes jumelles. La fuite n'est donc pas négative, mais la fuite implique la peur. Il y a des peurs à gérer, à regarder en face, et à dépasser. Et, derrière les peurs, il y a les blessures. La fuite est un moyen erroné et illusoire de se préserver. Ce n'est que lorsque l'on prend conscience de tout ou partie de ses peurs que l'on comprend que la fuite ne sert à rien. Ce qui est à vivre nous rattrape tôt ou tard. Il est important de travailler sur vos peurs, afin de vous libérer, et de pouvoir vivre ainsi une relation plus harmonieuse avec votre flamme jumelle. Si vous vivez une situation où votre autre est dans la fuite, envoyez-lui beaucoup de pensées d'amour, ce qui l'aidera à avoir moins peur de votre relation, qui le dépasse.

CINQ DE FLAMME
SÉPARATION

La séparation n'est qu'apparente. Les flammes jumelles ne sont jamais séparées. Vous êtes toujours unis dans la cinquième dimension. Prenez vraiment conscience que cette séparation n'est qu'illusoire, et que vous êtes toujours relié à votre autre, même s'il y a une distance géographique, ou que la personne reste dans le silence et ne vous donne plus de nouvelles. Si cette séparation est le fait d'une distance géographique, ou de situations matérielles qui restent encore à éclaircir ou à finaliser, dites-vous bien que cette séparation est bienvenue et nécessaire pour le moment. Vous avez encore besoin de mûrir dans cette relation, et de la faire évoluer. Si cette séparation fait suite à un désaccord, à des disputes, ou à des incompréhensions, c'est qu'il vous faut prendre le temps d'assimiler la leçon qui doit être assimilée. Le lien est toujours là, indestructible, et cette apparente séparation est un cadeau bénéfique qui vous permet de travailler et d'avancer chacun de votre côté afin, ensuite, de mieux revenir l'un vers l'autre avec de nouvelles bases constructives. Aussi, même si les choses paraissent bloquées actuellement, gardez confiance, et laissez le temps au temps. Lorsque vous aurez suffisamment travaillé à votre propre complétude, cette séparation prendra fin, et vous vous retrouverez. Il y aura reprise de contact.

SIX DE FLAMME
DÉCENTRAGE

Vous vous décentrez sur l'autre au lieu de rester centré en vous-même. Cela occasionne une perte d'énergie, et fait peser trop de choses que vous projetez sur votre autre. De ce fait, inconsciemment, votre flamme jumelle aura tendance à fuir afin de se préserver, et afin de vous faire comprendre que ce n'est pas ainsi qu'il faut procéder pour avancer dans votre relation. Il est important de vivre aussi pour vous-même, de ne pas vous oublier, de vous occuper de vos besoins propres, et de trouver vos propres ressources. Faites des activités pour vous seul, qui vous épanouissent et vous nourrissent. Trouver des centres d'intérêt en dehors de votre flamme jumelle vous permettra de rééquilibrer la relation et de relativiser vos attentes.

SEPT DE FLAMME
LÂCHER PRISE

La relation de flammes jumelles apprend – et oblige – à lâcher prise. C'est un élément indispensable à l'évolution de votre relation. Tant que vous ne lâchez pas prise, rien n'est possible entre vous. Remettez-vous en à la Source, qui veille sur votre lien, ayez foi, et n'essayez pas de maîtriser quoi que ce soit. Ce qui doit être est. Il n'y a aucun hasard. Ne cherchez pas à contrôler votre moitié, sa vie, ce qu'il fait, lâchez prise et faites-lui confiance, il fait son chemin, et tout est merveilleusement orchestré. Tout se déroule au mieux pour votre relation, y compris les situations difficiles, car elles vous amènent à vous positionner différemment pour avancer. Alors ne forcez pas les choses, ce serait une dépense d'énergie complètement inutile, car la vie vous amène de toute façon très exactement dans les situations que vous devez vivre pour évoluer dans votre relationnel de flammes jumelles. Faites avec ce que la vie vous propose, n'allez pas à contre-courant. Lâcher prise vous offre la possibilité de trouver la paix et la sérénité dans cette relation, de prendre le recul nécessaire et d'avancer. Continuez, vous êtes en bonne voie.

HUIT DE FLAMME
VOYAGE

Il s'agit ici, en tout premier lieu, de faire votre propre voyage intérieur, et de trouver en vous l'être véritable que vous êtes, d'aller vers votre complétude. Ce voyage est le plus riche en découverte, qui soit, le plus intense et le plus profitable, mais aussi le plus long. Le voyage également vous demande de vous délester de ce qui vous encombre, de ce que vous ne pouvez emmener dans vos bagages, pour ne garder que l'essentiel avec vous, ce qui vous est réellement utile. On vous demande de voyager le cœur léger, de travailler à épurer ce qui vous gêne pour avancer correctement dans votre relation de flammes jumelles.

Et puis, cette carte du voyage vous ramène un peu plus vers votre flamme jumelle. Vous faites du chemin dans la compréhension que vous avez l'un de l'autre, et l'un par rapport à l'autre.

Concrètement, cette carte peut également se traduire par un voyage ou un déplacement pour l'un ou pour l'autre. Et il est possible que ce voyage soit dans le but de vous voir, de vous retrouver en un endroit précis. Ce n'est que du bon à venir.

NEUF DE FLAMME
PURIFICATION

Vous êtes actuellement dans une période de purification de vos énergies, et cela passe par une phase d'épuration de vos blessures, de votre passé – karmique ou de votre vie actuelle –, mais également de vos relations et situations dans votre vie présente. Cette purification est indispensable sur votre chemin de flamme jumelle. Vous devez vous dépouiller de ce qui ne vous est plus utile, faire place nette, pour avancer sans entrave vers la Réunion, puis la Fusion, et vivre pleinement votre relation dans un amour pur. Le processus est en cours. Vous êtes en train d'épurer vos anciens schémas, votre passé, votre façon d'être, de penser, de vous comporter et d'agir. Cela peut être très inconfortable à vivre, car cela vous oblige à plonger dans vos abysses de ténèbres, et à éclairer vos zones d'ombre ; mais retenez que c'est pour un mieux-être à venir. Si vous en ressentez le besoin, vous pouvez vous faire accompagner par des thérapeutes compétents.

Afin de purifier vos énergies, selon vos possibilités, immergez-vous dans la mer, ou prenez des bains dans lesquels vous aurez pris soin de mettre des sels de mer naturels. Faites également des méditations de purification par le feu sacré. Visualisez qu'une boule de feu sacré entre par votre plexus solaire et se répand dans tout votre corps, désagrégeant toutes les scories inutiles bloquées. Sentez ce feu sacré qui se répand dans vos veines, faisant couler une énergie renouvelée.

DIX DE FLAMME
AMOUR PASSIONNEL

Au fur et à mesure que vous engrangez de l'expérience avec votre autre, votre amour grandit, mûrit, et évolue de l'amour passion, donc dans l'attachement et conditionné par l'ego, à l'amour inconditionnel, dans le détachement et sans comportement égotique. Cette transformation intérieure est magnifique, car votre âme investit de plus en plus votre personnalité terrestre, et révèle ainsi de plus en plus cet amour grandiose et unifié. Cette carte vous invite à prendre conscience de l'amour que vous portez à votre flamme jumelle, et à travailler à aller constamment vers l'amour inconditionnel. Ne restez pas uniquement dans de l'amour passionnel, mais ouvrez votre conscience du cœur à un amour infiniment plus grand. Prenez conscience que l'amour que vous vous portez doit être à la fois terrestre et céleste. Vous devez unifier tous les plans de cet amour.

PAGE DE FLAMME
MÉDITATION

La méditation va beaucoup vous aider à atteindre vos objectifs, à rester centré en vous, à patienter, à vous connecter à votre âme et à l'âme de votre autre. Méditez régulièrement, dans l'idéal tous les jours, afin de bien vous ancrer dans *Gaïa*, votre Terre-Mère, et de hausser vos vibrations pour entretenir correctement les liens énergétiques avec votre flamme jumelle et les renforcer. Méditer vous permet de prendre le recul nécessaire par rapport à ce que vous vivez avec votre moitié, et de comprendre profondément cette relation.

Lorsque vous faites vos méditations, connectez-vous à vos Guides de Lumière, demandez-leur amour, aide et protection, et connectez-vous également à votre flamme jumelle, parlez à son âme. Faites de la visualisation positive, en posant pour acquises des situations que vous souhaitez voir se produire dans votre vie par rapport à votre autre. Cela fait partie de votre travail énergétique quotidien. La méditation vous donne des clés et vous fait grandement avancer et évoluer dans la plénitude et la sérénité.

CHEVALIER DE FLAMME

RAPPROCHEMENT

Du nouveau arrive. Si vous êtes actuellement en séparation, un rapprochement est envisageable. Une reprise de contact, que ce soit par des échanges écrits, un appel téléphonique ou un face-à-face, est tout à fait possible. La relation peut repartir sur de nouvelles bases, plus saines, plus simples, et plus sereines que par le passé. Il reste cependant encore du travail à accomplir, et tout n'est pas résolu. Restez vigilant, afin de resserrer correctement vos liens pour avancer ensemble dans l'amour, tout en continuant à évoluer chacun de votre côté. Il est possible que ce soit votre flamme jumelle qui fasse ce pas vers vous. Ce pas n'est pas très assuré, car votre autre a encore des doutes, des peurs, des hésitations et des blessures égotiques qui le gênent. Cependant, il va tout de même faire ce pas, irrésistiblement poussé par son âme, et par cette attraction magnétique envers vous. Même s'il trébuche encore une fois, même s'il ne sait pas vraiment comment s'y prendre, même s'il est maladroit dans sa démarche auprès de vous, accueillez-le à bras ouverts, avec amour, sans reproche, sans jugement. Ce pas va lui coûter, mais c'est à lui de faire les choses. Vous, vous êtes là pour le recevoir, pour l'accueillir.

REINE DE FLAMME
SEXUALITÉ SACRÉE

La sexualité sacrée fait partie du parcours des flammes jumelles. Nous ne parlons pas ici de sexualité basique et classique, se limitant à des échanges corporels. Avec cette carte, il est question de l'union des deux corps dans un échange d'énergies sacrées, à la fois intense, doux, respectueux, passionnel et charnel, qui permet d'amener le divin dans la matière, comme un aboutissement attendu et accompli. La sexualité des flammes jumelles ne se limite pas uniquement au corps physique. Cela touche également tous les corps subtils, l'aura et l'âme. Dans cet acte d'amour sacré, tous les plans sont en accord, alignés, et en communion. Il réunit et réunifie le corps et l'âme, les différents plans de conscience, le ciel et la Terre, le visible et l'invisible. La sexualité sacrée entre deux flammes jumelles génère des énergies positives bénéfiques phénoménales qui participent à la hausse des énergies planétaires. Cette carte vous demande de vous préparer à cet acte d'amour sacré.

ROI DE FLAMME
RÉUNION

La Réunion arrive lorsque les deux flammes jumelles ont déjà bien avancé sur le chemin. Après la reconnexion, la séparation, la nuit noire de l'âme, la reprise de contact, la réconciliation, vient la Réunion, avant qu'il n'y ait la Fusion. Cette carte indique ce vers quoi vous tendez. C'est une carte très encourageante, qui vous demande de continuer à travailler sur vous, tandis que votre autre travaille également de son côté. Tout s'accélère, préparez-vous afin d'être prêt à cette Réunion. Un bon nombre d'étapes sont franchies, vous avez déjà bien avancé, et, même s'il reste encore à faire, le parcours est bien entamé. Vous êtes vraiment sur la bonne voie, et vous allez à présent pouvoir cheminer ensemble, main dans la main. À ce stade, vous savez l'un et l'autre combien vous vous aimez, et combien vous êtes importants l'un pour l'autre. Par cette réunion, vous allez devenir invincibles.

À PROPOS DE L'AUTEURE

Géraldine Garance est médium karmique depuis son enfance. Sa médiumnité se traduit par des échanges avec des Êtres de Lumière situés sur des hauts plans de conscience, par des contacts avec des personnes décédées, et par la lecture des vies antérieures et des âmes, entre autres choses. Elle travaille essentiellement sur le plan de la guérison de l'âme, du karma, de l'évolution de l'âme, afin d'apporter un mieux-être et une meilleure compréhension de tout ce que l'on vit dans notre vie actuelle, et ainsi pouvoir avancer concrètement. Elle canalise également en médiumnité de hauts Maîtres spirituels qui délivrent des messages universels pour la planète et pour l'humanité.

La relation flammes jumelles fait partie intégrante de l'évolution de l'âme, cela prend source dans des vies antérieures, et ce parcours de flammes jumelles offre la possibilité de se libérer d'un karma et de guérir profondément de nos blessures.

Géraldine Garance a rencontré sa flamme jumelle il y a plusieurs années, et elle est passée par tout le processus évolutif et initiatique difficile que vivent toutes les flammes jumelles.

Aussi, conformément à ses missions de vie et d'âme, elle aide aujourd'hui les personnes qui sont sur leur propre parcours de flammes jumelles. Elle dispense des enseignements, des conseils et des tirages de cartes sur sa chaîne vidéo Youtube et sur sa page d'enseignements Facebook. Elle propose également des séminaires spécifiques pour les flammes jumelles désireuses d'avoir des clés pour avancer sur ce chemin particulier, et des consultations médiumniques pour des guidances générales d'âme, ou plus spécifiques pour les flammes jumelles.

Elle est l'auteure du livre *Vivre (enfin) sereinement votre relation de flammes jumelles*. Un guide pratique qui répond à toutes les questions sur les flammes jumelles. Il prodigue ainsi de nombreux conseils et propose des exercices concrets, afin d'aider les personnes qui vivent cette relation si particulière.

Elle est également l'auteure de plusieurs CD de méditations guidées, tels que le CD *S'enraciner et se connecter à la Lumière*, qui offre la possibilité de mieux se centrer pour vivre son incarnation, de s'accorder une meilleure confiance et d'aller soigner son enfant intérieur, mais également de s'ouvrir correctement à ses Guides de Lumière, situés sur d'autres plans de conscience, afin de les ressentir et de pouvoir communiquer avec eux. Elle a également créé le CD *Ressource et Énergies*, qui permet de nettoyer et de purifier ses énergies, de se mettre sous protection et de monter en vibration spirituelle.

Géraldine Garance est aussi conférencière et enseignante spirituelle lors des séminaires de spiritualité qu'elle organise en France et à l'étranger depuis des années, sur la médiumnité, les contrats d'âme, les sorties astrales conscientes hors du corps, les annales akashiques, l'avancement des flammes jumelles, et bien d'autres thèmes encore dans le domaine de la spiritualité.

Elle est aussi très présente sur les réseaux sociaux pour dispenser des enseignements spirituels accessibles à tous.

Géraldine Garance propose également des voyages initiatiques et spirituels dans le monde entier, afin d'amener les personnes à leur propre rencontre d'Être, à se nourrir et à s'enrichir de vibrations positives et à poser des énergies spécifiques pour aider aux changements vibratoires planétaires.

Retrouvez toutes les actualités de Géraldine Garance :

Site Internet : www.medium-geraldinegarance.fr.

Chaîne Youtube : Les chroniques spirituelles de Géraldine Garance.

Instagram : Géraldine Garance.

À PROPOS DE L'ILLUSTRATRICE

« Les Toiles Cosmiques », l'art au service du divin… Bénédicte Gonzalez est une artiste médium dont l'hypersensibilité nourrit la créativité.

Végétarienne engagée, elle puise dans la nature et les animaux l'amour et la douceur qu'elle diffuse dans ses créations.

Sa connexion avec le monde de l'invisible est une source infinie d'inspiration.

Elle remercie chaque jour ses Guides de Lumière de l'accompagner sur ce chemin merveilleux.

Ses œuvres sont le fruit d'un long cheminement intérieur spirituel.
Ses créations intuitives touchent le cœur et l'inondent d'une énergie d'amour guérisseuse.

Un mélange de diverses techniques artistiques : peinture acrylique, graphisme…, et la magie opère en donnant naissance à ces illustrations cosmiques riches de sens et de symbolisme.

Observez, ressentez, connectez-vous à votre étincelle intérieure, et laissez l'énergie céleste toucher votre âme…

Page Facebook : Bénédicte « Les Toiles Cosmiques ».
www.benedictemedium.com.